基本観光学

岸 真清・島 和俊・浅野清彦・立原 繁・
片岡勲人・服部 泰・小澤考人 著

東海大学出版部

はじめに

　本学において，2016年度で観光学部は7年目となり，経営学部は完成年度である4年目となった．観光学部は観光学科一学科からなり，経営学部は観光ビジネス学科を含む二学科からなっている．観光学部もしくは観光学科の設置は珍しいものではなくなり，多くの大学でその存在を確認できる．いまや観光学部系は定着したものとみてよい．

　しかし，そこで学ばれる観光学については必ずしも確立したものとはなっていないようにみえる．たとえば観光経営学は経営学に対して独自の学問領域であることを主張できるだろうか．それは経営学の観光領域における適用にとどまっているのではないか．同様のことはより広い概念であるサービス領域においても生じている．サービス・マーケティング論という場合，それはマーケティング論に対峙するだけの内包を有しているだろうか．モノに対するマーケティング理論をサービス領域に当てはめただけではないのだろうか．

　ある出版社から「リテイル・マーケティング」という書名の可否を問われたことがある．某大手小売業の役員の方の著作だそうだが，この言い方が通用するかどうか知りたいという．大学人なら「小売業のマーケティング」としか言えないと回答した．リテイル・マーケティングなる学問領域は存在せず，ただマーケティングの小売業における適用としか考えられないからである．

　観光学がリテイル・マーケティングの件と同じだとは言わないが，類似するところは小さくないのではないか．観光現象を特定の学問領域から分析するだけでは，観光学のディシプリンとしての自律は望めず，観光学部系の将来は厳しいものとなろう．観光学の体系化は未だその緒についたばかりではあるが，そのための地道な取り組みは始まっている．本書は観光学部，経営学部で使用されるテキストとして編まれたものであるが，各担当者の授業を通してのこの取り組みの一端を看取していただければ幸いこれに優るものはない．もちろん，どのように評価するかは読者の特権である．

　観光学部，経営学部には経済学者が在籍していないこともあり，岸　真清中央大学名誉教授，島　和俊本学名誉教授をお煩わせし，重要領域である観光経済学について論じていただいた．ご両所とも本学政治経済学部において多年教鞭を執られ，浅野・立原の恩師でもある．岸先生は金融論，島先生は財政学の専門家で，専攻分野が観光とは異なるにもかかわらず，執筆を快諾された．この場を借りて

御礼申し上げたい．

　出版部の柴田栄則氏，原　裕氏には企画段階からご尽力いただいた．本書の刊行が出版部における柴田氏の仕事の掉尾を飾る1冊となることを光栄とする次第である．

浅野　清彦
立原　繁

目　次

はじめに　iii

第1章　躍進する観光産業と金融システム………………………………… 1
1. 地方創生と観光産業　1
    - **1-1　観光産業の現状と課題**　1
        - (1) インバウンドに掛かる期待　1
        - (2) 観光政策の推移　2
        - (3) 経済効果　4
    - **1-2　地方創生の試み**　5
        - (1) クローズアップされる地域密着・発信型観光産業　5
        - (2) ハットウ・オンパクの誕生　7
        - (3) 大山・広域プロジェクト　8
2. 観光産業活性化の資金チャンネル　11
    - **2-1　観光支援ファンド**　11
        - (1) 官民ファンド　11
        - (2) 全国型活性化ファンド　13
    - **2-2　観光産業と地域金融機関**　14
        - (1) 地域別活性化ファンド　14
        - (2) 地域金融機関と地方自治体の連携，地域住民の参加　16
3. これからの観光産業　19
    - **3-1　コミュニティビジネスとしての観光産業**　19
        - (1) 多様な観光ビジネス　19
        - (2) 住民参加の資金チャンネル　21
        - (3) 家計の金融資産　24
    - **3-2　まちおこしの観光業**　27

第2章　観光の動向と日本経済……………………………………………… 33
1. 観光と経済　33
    - **1-1　観光の意義**　33
    - **1-2　観光の経済効果**　35
2. 日本の観光の状況　37
    - **2-1　外国人訪日客と国内旅行**　37
    - **2-2　観光収入と経済**　40
3. 観光と日本経済　43
    - **3-1　日本経済と観光**　43
    - **3-2　観光の魅力と観光政策**　46

4. 観光と地域　52
      4-1　地域経済と観光　52
      4-2　観光と地域振興　57

第3章　サービス・マネジメント………………………………………63
  1. 企業とその経営戦略　63
     1-1　企業行動　63
     1-2　経営理念　66
     1-3　経営戦略の要素　67
     1-4　経営戦略の階層　70
        (1) 事業戦略　71
        (2) 機能戦略　71
     1-5　経営戦略とその環境　72
        (1) 外部環境分析　72
        (2) 内部環境分析　73
  2. 組織構造　74
     2-1　機能（職能）別組織　74
     2-2　事業部制組織　74
     2-3　カンパニー制　76
  3. マーケティング戦略と環境　77
     3-1　マーケティング戦略　77
     3-2　マーケティング環境　78
        (1) 外部環境分析　78
        (2) 内部資源分析　79
     3-3　マーケティング目標　80
        (1) 利益額目標・利益率目標　80
        (2) 売上高目標　81
        (3) シェア目標　81
  4. ターゲット・マーケティング　81
     4-1　市場細分化　83
     4-2　市場細分化の基準　84
        (1) 地理的基準（ジオグラフィック変数）　84
        (2) 人口動態基準（デモグラフィック基準）　84
        (3) 心理的基準（サイコグラフィック基準）　85
        (4) 行動変数基準　86
     4-3　標的市場の設定　87
        (1) コトラーによる標的市場選定法　87
        (2) エイベルによる標的市場選定法　88
        (3) ポジショニング　90
        (4) マーケット・シェア　90
        (5) マインド・シェアと知覚マップ　92

(6) ポジショニング構築　93
　　　(7) 4Pについての意思決定　94

第4章　日本におけるメディカルツーリズムの可能性……………………………97
　1. はじめに―日本のメディカルツーリズムの現状―　97
　2. 「メディカルツーリズム」の概念　98
　3. 「メディカルツーリズム」のパターン　99
　4. 日本のメディカルツーリズムの事情　101
　5. 日本におけるメディカルツーリズムの課題　102
　6. 日本のメディカルツーリズムが直面する問題　104
　7. JCI承認を取得する日本の病院　105

第5章　観光とコンテンツビジネス……………………………………………… 107
　1. 観光とコンテンツの関係を理解する　107
　　　1-1　コンテンツの定義　107
　　　1-2　観光の動向とコンテンツの役割　107
　2. コンテンツの構想　109
　　　2-1　観光資源の発掘　109
　　　2-2　地域の誇りと観光者の期待を結びつける　110
　　　2-3　企画意図の取捨選択も大切（階層分析）　111
　　　2-4　企画書の作成　116
　3. コンテンツ表現手法（1）特集形式　116
　　　3-1　大ラフ　116
　　　3-2　タイトルとリード（例題）　117
　　　3-3　メインカットとサブカット　117
　　　3-4　本文とデータ　118
　4. コンテンツ表現手法（2）イラスト　118
　　　4-1　立体の描画と陰影　119
　　　4-2　電車のイラスト作成　120
　　　4-3　道路を描く　123
　　　4-4　曲線を有する建物の描画　124

第6章　観光文化のための批判的諸理論…………………………………………131
　1. 節記号や象徴としての観光対象　131
　　　1-1　オリジナルかコピーか　131
　　　1-2　「聖」性としての非日常性　132
　　　1-3　異なる現実の交錯　133
　2. 真正性と疑似性をめぐって　135
　　　2-1　本物を求めて　135
　3. 場所のリアリティー　137
　　　3-1　場所の喪失　137

3-2 観光による再場所化　138
4. 観ることと観られること　139
　4-1 観光客が向けるまなざし　139
　4-2 感情管理社会の課題　140
　4-3 前近代，近代，ポストモダン　141
5. 観光文化研究の一例として——ボルネオ島ロングハウス観光——　142
　5-1 イバン族　142
　5-2 ロングハウス観光　144
　5-3 分析　146
　5-4 まとめ　148

第7章　オリンピックというイベントと観光・ツーリズムの可能性
——2012年ロンドン大会のレガシー戦略から2020年東京大会への視点を探る　151

1. はじめに　151
　1-1 対象と課題設定　151
　1-2 方法・アプローチ　152
2. オリンピックと「レガシー」(legacy)　152
　2-1 近代オリンピックの誕生　152
　2-2 21世紀の課題としての「オリンピック・レガシー」　153
3. 2012年ロンドン大会のレガシー戦略　155
　3-1 「ロンドンから東京へ」——2020年東京大会の先行モデル　155
　3-2 2012年ロンドン大会のレガシープラン　157
　3-3 レガシー戦略の実施プロセス　159
4. 「オリンピコポリス」とTech City構想——クリエイティブシティの誕生　162
5. 2012年ロンドン大会をめぐる評価と含意　165
　5-1 一般的評価とロンドン市民の声　165
　5-2 「活用型イベント」としてのオリンピック　167
6. 浮かび上がる「観光・ツーリズム」の重要性　168
　6-1 狭義の観光・ツーリズム政策——『イギリス政府観光政策2011』　168
　6-2 広義の観光・ツーリズム政策——「観光のための五輪」　172
7. 観光・ツーリズム部門への成果と射程の拡張　173
　7-1 観光・ツーリズムへの効果——観光統計のデータより　173
　7-2 拡大化・重層化された集客戦略　174
8. 2020年東京大会への視点　175
　8-1 2020年東京大会のレガシープラン　176
　8-2 「魅力的な社会」の実現に向けて——観光・ツーリズムに何ができるか　177
9. 結びと展望——社会構想のキーワードとしての「観光・ツーリズム」　179

第1章　躍進する観光産業と金融システム

1．地方創生と観光産業

1-1　観光産業の現状と課題

　成長戦略と地方創生の担い手として期待されるのが観光産業である．地域の雇用と所得の向上を担う観光産業には高い国際競争力と生産性が求められるが，文化，気候，食に恵まれた日本の観光産業は一億総活躍の場となる可能性を秘めている．しかし，旅行のスタイルも団体旅行から個人旅行に移りつつあり，多様化が進んでいる．それだけに，地域の人々の生活の場すなわちコミュニティを基盤とした観光産業が育ち，日本人旅行者だけでなくインバウンド（訪日外国人旅行）を引き寄せる地域発のグローバル化が進展する可能性が高まる．今後，地域と世界の双方を視野に入れたグローカル観光産業を躍進させる鍵を握るのが，生活の場の魅力に気付いた地元の人々，中央政府，地方自治体，民間金融機関，特に地域金融機関，地場企業，NPO（非営利組織）など市民グループ，大学など教育機関の連携，協業と思われる．

（1）インバウンドに掛かる期待

　「明日の日本を支える観光ビジョン」は，訪日外国人旅行者数を2020年に4,000万人，30年に6,000万人，訪日外国人消費額を2020年に8兆円，30年に15兆円，地方部での外国人述べ宿泊者数を2020年に7,000万人，30年に1億3,000万人，外国人リピーター数を2020年に2,400万人，30年に3,600万人とする一方，日本人国内旅行消費額を2020年に21兆円，30年に22兆円とする目標を掲げた[1]．

　しかし，日本人国内旅行消費額は伸び悩んでいる．たとえば，2011年の日本人国内旅行消費（宿泊旅行と日帰り旅行の合計）は19兆7,369億円であったのが，2014年に18兆4,204億円に落ち込み，15年に20兆4,090億円に若干増加した程度である[2]．

　他方，訪日外国人旅行者数は，2011年の622万人から2015年の1,974万人へと増加している．その内訳は，中国，韓国，台湾を中心にアジア諸国の1,665万人，米国を中心に北米諸国の131万人，英国，フランス，ドイツを中心に欧州諸国の124万人，豪州を中心にオセアニア諸国の43万人，ブラジルを中心に南米諸国の7万人，アフリカ諸国の3万人であった．また，同期間の旅行消費額も8,135億

円から 3 兆4,771億円,地方部での宿泊者数も616万人から2,519万人,外国人リピーター数も401万人から1,162万人にそれぞれ大幅に増加している.

　日本人の国内旅行消費額が伸び悩んでいるだけに,観光ビジョンを実現するためには,訪日外国人旅行者の増加がポイントになると思われる.実際,次のような施策が企画されている[3]．

　①豊富かつ多様な観光資源を磨き上げ,日本人,外国人双方に日本の良さを知ってもらい,地方創生の礎にするため,魅力ある公的施設・インフラの大胆な公開・解放,文化財の活用促進,国立公園のブランド化,景観の優れた観光資産の保全・活用による観光地の魅力向上,滞在型農村漁村を確立・形成する.

　②観光産業を革新し,国際競争力を高め,日本経済の基幹産業にするため,観光関係の規制・制度の見直し,民宿サービスへの対応,観光経営人材等の育成・強化,宿泊施設不足の早急な解消及び多様なニーズに合わせた宿泊施設の提供,世界水準のDMO(観光地づくりの舵取り法人)の形成・支援,「観光地再生・活性化ファンド」の継続的な展開,次世代の観光立国実現のための財源の検討,欧米豪や富裕層等をターゲットとした訪日プロモーションの戦略的高度化・対外発信強化,ビザの戦略的緩和,政府レベル・官民連携横断組織によるMICE(国際会議)誘致の促進,ビザの戦略的緩和,訪日教育旅行の活性化,観光教育の充実,若者のアウトバウンド(日本人海外旅行)活性化を図る.

　③すべての旅行者がストレスなく,快適に観光を満喫できる環境を整えるため,最先端技術を活用した革新的な出入国審査等の実現,民間のまちづくり活動等による「観光・まち一体再生」の推進,キャッシュレス環境の飛躍的改善,通信・交通利用環境の向上,多言語対応による情報発信,外国人患者受入態勢の充実,「世界一安全な国,日本」の良好な治安等を体感できる環境整備,「地方創生回廊」の完備,地方空港のゲートウェイ機能強化・LCC(格安航空会社)就航促進,クルーズ船受入のさらなる拡充,公共交通利用環境の革新,休暇対策,オリパラに向けたユニバーサルデザインの推進を実施する.

　これらの政策のねらいは,これまでの国際観光振興政策を通じてグローバル化を進める一方,地域密着型,生活の場からの発信を具体的に進展させることにある.

（2）観光政策の推移

　これまでの政策を振り返ってみると[4],まず,観光基本法の成立と高度経済成長期(1964年〜85年)に,国際観光化が始まっている.観光基本法が制定された

のは1963年のことであったが，国際収支の改善および外国との経済文化の促進を目的とした外国人旅行者の来訪の促進を目的にしていた．同年，外貨持ち出し制限があったものの業務目的の渡航が自由化，1964年に観光目的の海外渡航が自由化された．その結果，日本人の海外旅行が，同年の22万人から1971年の96万人に増加したが，日本人の海外旅行者数が外国人訪日旅行者数を逆転して，日本の国際観光収支は赤字になった．ただし，訪日外国人旅行者数そのものは増加して，ピークであった1980年には，85万人になっていた．

　次に，バブル経済とその崩壊期（1986年〜2002年）には，大幅な貿易黒字に起因する欧米諸国との貿易摩擦対策として，従来の外国人訪日旅行者を誘致する政策に加え，日本人の海外旅行を促進する政策が展開されることになった．すなわち，1987年に海外旅行倍増計画が策定され，1991年までに日本人の海外旅行者数1,000万人到達を目指した．プラザ合意の円高も追い風になって，海外旅行者数は加速度的に増加し，1990年に目標を達成した．しかし，訪日外国人旅行者数は増加したものの，日本人の海外旅行者数に追いつかず，国際観光収支の赤字は拡大した．そこで，1991年に双方向の観光交流の一層の拡大を目的とした観光交流拡大計画が策定された．ところが，1995年に日本からの海外旅行者数1,530万人に対して，訪日外国人旅行者数が335万人に留まったため，翌年に訪日外国人旅行者数を700万人に倍増させる「ウェルカムプラン21」がまとめられた．加えて，1997年に地方圏への誘客を促進する「外国人観光旅客の来訪地域の多様化の促進による国際観光の振興に関する法律（外客誘致法）」が制定された．この取り組みを強化すべく，2007年を目途に訪日外国人旅行者数の800万人を目標とする「新ウェルカムプラン21」が取りまとめられた．

　さらに，観光立国の実現に向けた本格的な取り組みが2003年から開始されることになったが，その直前の2002年に，小泉総理の施政方針演説において旅行者の増大と地域活性化方針が示された．また，国土交通省によって，「グローバル観光戦略」が定められた．翌年，10年までに訪日外国人旅行者数を1,000万人とする目標が示されたのに続いて，2006年に，「観光立国推進基本法」が成立，「観光立国推進基本計画」をマスタープランとした施策が推進され始めた．その後，2008年には，観光行政を機能的に行うため，観光庁が発足した．2010年には，訪日外国人旅行を促進するため，ビジット・ジャパン・キャンペーン（2010年より，ビジット・ジャパン（VJ）と呼称）が，国，地方団体，民間事業者の協同の下で始まった．VJは，訪日外国人旅行促進の主要市場を絞り込み，各国，地域ごとに市場規模，ニーズの特徴を把握して，各市場の訴求対象に応じたプロモーシ

ョン方針を策定することを重視している．

　観光政策の推移から，訪日外国人旅行促進策として地方自治体と民間企業の連携が進展しつつあることが分かる．しかし，地方への誘致問題が残されている．外国人旅行者の訪問先は，2008年時点で，東京都58.9％，大阪府25.0％，京都府21.4％，神奈川県16.0％，千葉県11.8％であったが，2015年になっても，東京都52.1％，千葉県44.4％，大阪府36.3％，京都府24.4％，神奈川県11.3％と上位5都道府県に集中しているので，今後，訪日外国人を受け入れる地域の多様化が急務になっている[5]．

（3）経済効果

　この流れの中で，日本の国際観光収支は改善しつある．2007年に受け取り1兆991億円，支払3兆1,189億円，収支が2兆199億円の赤字であったのが，2015年に受取3兆240億円，支払3兆3,047億円で，収支が5,003億円の黒字に転換した．

　観光業の隆盛が地域の活性化をもたらし，それが日本経済の成長の一翼を担うものと期待されるが，旅行消費額が直接，間接に他産業に与える経済効果は大きい．ちなみに，観光に費やされる消費額は日本人の国内宿泊旅行を主とするが，2014年時点のそれは22.6兆円であった．内訳は，訪日外国人旅行等2.2兆円，日本人海外旅行1.4兆円，日本人国内宿泊旅行14.4兆円，日本人日帰り旅行4.5兆円であった．

　22.6兆円が国内産業にもたらす直接効果は21.5兆円であったが，付加価値を10.8兆円，雇用を210万人，税収を2.0兆円増加させた．他方，波及効果は生産波及効果，付加価値効果，雇用効果，税収効果に分かれる．そのうち，①生産を増やす生産波及効果は47兆円であって，全産業の産出額945.8兆円の2.3％のシェアを占めるなど日本経済への貢献度は大きくなった．②粗付加価値額を増やす付加価値効果は23.9兆円で，全産業の名目GDP486.9兆円に占めるシェアは2.2％であった．③雇用者を増やす誘発効果は397万人であって，全産業就業者数6,514万人の3.2％を占めていた．④税収を増やす税収効果は4.6兆円であって，国税と地方税を合わせた総税収額の2.1％を占めていた[6]．

　しかし，観光収入上位25カ国のうち訪日者数が多い17カ国を対象にした表1.1のように，他国に比較すると，観光産業がGDPと雇用に与える効果は見劣りする．GDPに対する日本の直接効果2.4％，それに間接効果を合わせた7.5％は，カナダ，台湾，韓国，インドを上回っているものの，その他13カ国より低い．したがって，観光産業の強化が一層必要になるが，地元の他産業との協業を進めるなど地元の

表 1.1 観光業が GDP と雇用に占める割合（2014 年）

	GDP への寄与				雇用への影響			
	直接効果 (10億米ドル)		直接効果＋間接効果 (10億米ドル)		直接効果 (10億米ドル)		直接効果＋間接効果 (10億米ドル)	
世界全体	2,365	3.1%	7,581	9.8%	10,541	3.6%	27,685	9.4%
中国	263	2.5%	943	9.0%	2,316	3.0%	6,609	8.6%
香港	26	8.9%	64	22.0%	36	9.7%	75	19.8%
韓国	29	2.1%	82	5.8%	63	2.4%	162	6.3%
インド	41	2.0%	126	6.1%	2,302	5.5%	3,670	8.7%
マレーシア	19	5.8%	50	15.3%	72	5.3%	177	13.0%
シンガポール	32	10.4%	66	21.4%	221	5.8%	438	11.5%
タイ	32	7.9%	72	17.8%	221	5.8%	538	14.1%
台湾	11	2.1%	29	5.5%	28	2.5%	68	6.1%
カナダ	21	1.2%	80	4.5%	46	2.6%	108	6.0%
米国	458	2.6%	1,403	8.1%	530	3.6%	1,365	9.3%
英国	102	3.4%	310	10.4%	189	5.7%	423	12.7%
ドイツ	145	3.7%	343	8.9%	284	6.7%	498	11.7%
フランス	103	3.6%	255	9.0%	113	4.1%	271	9.9%
イタリア	88	4.1%	217	10.1%	108	4.8%	255	11.4%
スペイン	78	5.6%	214	15.5%	87	5.0%	265	15.3%
オーストラリア	39	2.7%	146	9.9%	51	4.4%	142	12.2%
日本	112	2.4%	343	7.5%	115	1.8%	444	7.0%

（出所）国土交通省観光庁（2016）図表 I-12 および II-4 より抜粋，作成．

人々の生活の場であるコミュニティを土台とした対策が望まれることになる．

1-2　地方創生の試み

　地方創生の切り札として期待されているのが観光産業である．ただし，本章は，単に着地型というよりも，地域密着・発信型の観光産業を念頭に置いている．後述するハットウ・オンパクのまちづくり観光産業のように，地域の住民，市民を主役として自律的発展，内発的発展過程をたどる観光産業を主な対象にしている．

（1）クローズアップされる地域密着・発信型観光産業

　滞在型農村漁村観光の確立・形成も，その1つの例である．農村魚村において日本の自然や生活を体感し満喫してもらうためにとられた滞在政策は，「ディス

カバー農村漁村の宝」として毎年約20地域を認定することによって農村漁村の地域住民の意欲・機運を高めようとしている．このねらいに沿って，日本ならではの伝統的な生活体験と非農家を含む農村地域の人々との交流を楽しむ「農泊」を推進している．

また，地方の商店街等における観光需要の獲得，伝統工芸品等の消費拡大に向けた政策は，市町村を旗振り役として，地域資源の活用や農商工等の連携を通じて，訪日外国人向けの新商品・新サービスの開発の推進することを目指している．さらに，広域観光周遊ルート設置にも公民の協業が見られる．すなわち，政府，地方自治体，民間企業が連携した協議会を新たに設置し，道案内の充実など地域固有の魅力の向上や広域観光周遊ルート内で「都市周遊ミニルート」を選定して，歴史的道すじの再生，トイレ・休息施設等の設置，地域のまちづくり団体の活動等をパッケージで重点支援しようとしている[7]．

上述のように，観光を地方創生につなげるため住民組織・コミュニティ，住民との連携を重視した政策がとられるようになっているが，それにもかかわらず，全国的には地方の衰退が目立っている．そこで，地方の人口減少と経済の縮小に歯止めを掛けるとともに地域密着・発信型観光産業を地域振興の原動力にするための環境整備が課題になる．

「まち・ひと・しごと創生基本方針2016」は，ローカル・アベノミクスの推進，潜在的希望者の地方移住・定着の実現，地域の実情に応じた働き方改革，連携中枢都市圏の形成等を通じ，地方経済の底入れを目指している[8]．

しかし，地域活性化は，地方に仕事が存在して，安心して働けるかどうかに掛かる．そのため，第1に，ローカル・アベノミクスを実現する具体的な推進策として，以下の方針が示されている．①マーケティングとブランディングを徹底することで新市場を開拓する．また，その司令役として民間のDMOや地域商社を活用することで，地域の魅力のブランド化を推進する．②産官学金による先導的技術開発プロジェクトの創設やグローバル・ネットワーク協議会の組成を通じてイノベーションと人材育成を実現する．③おもてなしプラットホームの形成やIoT（モノのインターネット）の活用によって組織作りの支援を行うとともに生産性の向上を図る．

第2に，地方の人材不足を緩和するため，産官学連携によりインターンシップを推進する組織を作り，東京圏在住の地方出身者や地元在住学生に企業を紹介することで，地方還流や地方定着の促進が目指されている．

第3に，地方の人材確保を確実に推進する目的から，情報交換の矢，人材支援

の矢，財政支援の矢という地方創生版3つの矢が示されている．第1の矢である情報交換は広報・普及，活用支援，開発・改善，利便性の向上推進を目指し，地域経済分析システム（RESAS）を用いて，地域経済に関する官民のビッグデータを分かりやすく「見える化」するものである．第2の矢である人材支援は，地方創生を担う専門人材の確保・育成を官民協働で行うため，地方公共団体が地方創生を推進する際の相談窓口を各府省庁に設置するほか，地方創生人材支援制度において市町村の応募期間の長期化や民間人材の募集対象を拡大するものである．第3の矢である財政支援は，平成28年度予算において地方創生推進交付金を創設し，官民協働，地域間連携，政策間連携等の促進，先駆的・優良事例の横展開を支援する．また，地方公共団体が行う地方創生の取り組みに対する企業の寄付について，税額控除の優遇措置を行う地方創生応援税制（企業版ふるさと納税）の周知を目指している．

（2）ハットウ・オンパクの誕生

「まち・ひと・しごと創生基本方針2016」は地域経済活性化を促すことになろうが，コミュニティ・まちづくりを土台とする地域振興策は民間サイドでも試みられてきた．

最初に，代表的な事例として，「ハットウ・オンパク」をとりあげてみよう．別府市のオンパクは，地域産業の存続が危ぶまれるような危機感が地元企業家の共感を呼び，地域産業再生に向けた自律的な人と人とのつながり，すなわち，新しいコミュニティを形成したケースである[9]．

コミュニティ形成過程を振り返ってみると，1990年初頭のバブル崩壊が旅行形態を大きく変え，団体旅行が中心であった別府は苦境に立たされることになった．その打開策として，地元の資源に自信を持つ別府の住民が地域密着型観光を企画し始めた．1996年の「別府八湯勝手に独立宣言」は，まさしく，地域住民による自らのまちづくりの決意の表明であった．別府温泉はもともと八つの温泉の集合体であり，個々の温泉が強烈な個性を持っていた．ところが，別府温泉と総称されることで人々の意識が沈殿した結果，別府の沈滞化につながってしまった．この反省から，個々の温泉が独立意識を高め，地元ホテルや建設会社の経営者の発案によって当初，1つの温泉で始まった「路地裏散歩」の企画が他の温泉にも普及し，8つの温泉が，それぞれ，まちあるき活動を行うようになった．

企画へのこだわり，おもしろさ，丁寧さは住民の自発的な取り組みと創意・工夫に裏打ちされたものであって，マスマーケット相手の既存の観光業とは一線を

画すものであった．その試みが継続されていく過程で，自立・持続可能なレベルまで事業性を高める中間支援的な取り組みとして，「別府八湯温泉泊覧会（ハットウ・オンパク）」が誕生することになった．2001年に第1回のオンパクが開催されたが，毎年一定期間を「泊覧会期間」と位置づけ，20日～30日程度の期間中はプログラムと呼ばれる多彩なツアーや講座，体験などを観光客や住民に提供している．

　活動が活発化するのにつれて運営方法も変わっていった．運営は，開始当初，実行委員会形式が用いられ，大分県，別府市，別府市観光協会，別府市旅館組合連合会，別府市商工会会議所，別府飲料協同組合，ロングステイ別府研究会，温泉地療法研究会等の40団体程度をメンバーにしていた．また，発起人が担当していた講座プログラムを，主に住民から募るパートナーに依頼することになった．

　この措置によって，パートナーの主体性と創意・工夫を尊重する方式が用いられることになったが，パートナーはイベント事業の参加費と広告費を負担することにもなった．イベント事業の資金は，パートナーの出資以外に，協賛企業広告費，主催プログラム売上げ，民間協賛金，受託事業，オーダーメイド収益によって構成されたが，支出を下回っていた．そのため，不足分が公的補助金によって賄われることになったが，当初の3年間は大分県と別府市の補助金が当てられた．

　さらに，2004年には「NPO法人八湯・オンパク」を設立し，「温泉を核としたウェルネス産業を興すこと」を目的とした活動を開始している．同年に経済産業省サービス産業創出支援モデル事業（健康サービス），2005年に経済産業省サービス産業創出支援モデル事業（集客交流サービス）が採択された．オンパクで得られた経験とノウハウが，福島県いわき市の「いわきフラオンパク」や「信州諏訪温泉泊覧会・ズーラ」などに伝搬することになった．

(3) 大山・広域プロジェクト

　次いで，「ハットウ・オンパク」と同様，企業や市町村の自主性を重んじる「大山プロジェクト」をとりあげてみよう．丹沢・日向・蓑毛地域は，貴重な歴史的資源を有し，また首都圏近郊に位置しながら宿泊客が減少しつつある．現状への危機感がプロジェクトの発端になっているが，大山を中心とした住民主役，地域主導の地域間の連携が進んでいる．その事例を，神奈川県，厚木市，伊勢原市，秦野市の観光振興戦略から見ることができる．

　神奈川県は，企業や市町村などを対象に「国際観光地を目指す構想やプロジェクト」を募集し，横浜・鎌倉・箱根に次ぐ海外にも発信できる魅力的かつ新たな

国際観光地を創出する取り組みを進めている．2013年2月，県は大山地域が2012年11月に提案した「平成大山講プロジェクト」を認定した[10]．

　企業や市町村の自主性を重んじ，大学および行政と連携する「大山プロジェクト」には，大山観光振興会，小田急電鉄，神奈川中央交通，大山観光電鉄，伊勢原市観光協会，秦野市観光協会，厚木市観光協会，伊勢原市商工会，秦野商工会議所，JAいせはら，JAはだの，産業能率大学，東海大学，神奈川県，伊勢原市，秦野市，厚木市が参加している．

　「平成27年度事業実施計画」を見ても，自然体験・歴史再発見プログラム，もてなし・人づくりプログラム，国際化・情報発信プログラム，受入体制強化プログラムと多岐なジャンルにわたっている．

　県の実施計画に応じて，厚木市，伊勢原市，秦野市は，それぞれ，次の企画を立てている．

　ア）厚木市

　　　情報発信，内なる醸成，外との連携の3つの視点を重視している[11]．①情報発信とは，観光イメージを明確にする目的を持ち市の内外の人々への働きかけを重視するものであるが，自然と都市をつなぐ観光資源の再編纂，観光客の実態把握の促進，ターゲットを絞った情報発信力の強化を軸としている．たとえば，七沢エリアのアイデンティティを推進する「七沢エリア」ブランド化事業は，七沢温泉のブランド化を進め，再活性化を図っている．

　　　②内なる醸成とは厚木に暮らす人々への働きかけであり，観光に向けた市民の潜在意識を引き出すものである．たとえば，市民の視点から観光資源を見出してもらうため，市民「あつぎ再発見」事業を企画している．また，大山街道を軸とした歴史街道散策コースの設定，写真コンクール，絵画作文コンクールなどを展開し，内外からの誘客を図る「大山街道」再発見プロジェクトを企画している．

　　　③外との連携とは，周辺自治体や県，国，外国などに連携を働きかけるものである．たとえば，海外の「お客様おもてなし事業」は，外国語のボランティア活動などに取り組む団体と協力して，外国人観光客の案内ツアーなど，ホスピタリティのある海外の「お客様おもてなし事業」の推進を図っている．

　イ）伊勢原市

　　　伊勢原市は[12]，地域資源の再発見・再評価，おもてなしのこころで創る魅力ある地域の整備，国際観光地化に向けた情報発信の強化，観光客の受入体制の強化の4つの視点から，振興策を計画している．

このうち，①地域資源の再発見・再評価は，自然・歴史・生活文化という地域固有の資源を見つめ直し，新たな観光資源を発掘するものである．そのため，エコと癒しのハイキングや歴史が活気づく"街並み・街道博物館"の開設などの「自然体験・歴史再発見プログラム」を企画している．

　②おもてなしの心で創る魅力ある地域づくりは，国籍，年齢，身体状況にかかわらず，訪問者に心地よさを提供するものであるが，門前入学「大山おもてなし塾」の開設や宿坊体験などの「もてなし・人づくりプログラム」を企画している．

　③国際観光地化に向けた情報発信の強化は，おおやまポータルサイトの開設・運営や外国人観光客の受入体制の整備など「国際化・情報発信プログラム」を企画するものである．

　④観光客の受入体制の強化は，アクセスの改善や新たな集客施設の整備など「受入体制強化プログラム」を企画するものである．

ウ）秦野市[13]

　首都圏や近隣市町村からの日帰り観光客のニーズに対応した観光魅力の向上，観光資源ネットワークによる周遊・滞在型の促進，産業連携による経済循環の促進，市民参加による観光まちづくりの推進，観光行動を促す効果的な情報提供の推進を重視している．この方針の下，観光資源の魅力向上，プロモーション活動の充実，観光基盤の整備，受け入れ体制の強化に関する施策が敷かれている．

　①観光資源の魅力を高めるため，表丹沢の保全と利用促進や里山観光を推進する「既存観光資源魅力向上プロジェクト」のほか，秦野盆地湧水群の水質を活用する「湧水プロジェクト」や鶴巻温泉街再活性化構想の推進などの「はだの玄関口プロジェクト」が企画されている．

　②プロモーション活動は様々な媒体を通じて観光に関する情報を紹介するものであるが，ウェブ・サイトによる観光情報の充実，フィルムコミッションの充実，広域共同プロモーションの実施が計画されている．

　③観光基盤は小田急線や自家用車を利用する観光客のアクセスを容易にするものであるが，観光ルートの整備，観光案内機能の充実，サイン類の整備，観光パンフレット作成が企画されている．

　④受け入れ体制の強化は観光関係者の意識の向上にかかるが，市民意識の啓発，市民ガイドの充実，定期的な調査の実施と施策へのフィードバック，防災体制の安全情報の発信が企画されている．

2．観光産業活性化の資金チャンネル

2-1　観光支援ファンド

　地方創生の切り札として期待されている観光産業において，住民を主役とした企業・市町村・大学および行政の連携重視の考え方がクローズアップされている．同時に，それを支援する資金面での官民協業も進んでいる．しかし，多様化した観光産業の資金需要を満たしているわけではない．

（1）官民ファンド

　観光産業の資金調達にとって，まず，官民ファンドが呼び水的な役割を果たすものと思われる．政府の出資を中心にしながら民間の出資も加わる官民ファンドは，民間がとることが難しいリスクが高い設備投資向けの長期資金の供給を通じて，地域活性化，新たな産業市場の創設を目指している[14]．

　監督官庁，設置年月，出融資額（政府と民間）を示す表1.2のように，2016年3月末時点で，14種類の官民ファンドが設立されている．このうち，地域活性化に特に大きな影響を与えると思われるのが，地域経済活性化機構（REVIC）のファンドである[15]．2013年3月に設立された一般会計30億円，財政出資130億円，民間出資101億円のREVICのファンドは，2009年に設立された企業再生支援機構を改組したものである．企業再生支援機構は2008年以降の金融経済情勢の急速かつ大幅な悪化等によって低迷する地域経済を再建するため，有用な経営資源を有しながら，過大な債務を負っている事業者の事業再生を支援することを目的に設立されていた．ほぼ同様の役割を担うREVICは，活性化ファンド業務のほか，事業再生支援業務，再チャレンジ支援業務，ファンド出資業務，事業再生関連業務，特定専門家派遣業務を行っている．

　このうち，①活性化ファンド業務は地域での新サービス創出，事業の成長拡大，株式公開を目指す事業者の支援，②事業再生支援ファンドは有用な経営資源を持つ事業者，病院・学校等の事業再生支援，③再チャレンジ支援業務は企業債務と経営者の保証債務の一体整理による再チャレンジ支援，④ファンド出資業務はファンドへの有限責任組合員（LP）出資を通した地域経済活性化・事業再生支援，⑤事業再生関連業務は事業再生のノウハウを活かした幅広い再生支援，⑥特定専門家派遣業務はREVICの持つ知見やノウハウを活用して，地域金融機関等が行う事業性評価や事業者の課題解決に対して助言する専門家の派遣，これらの業務が行われている．なお，監督官庁は，内閣府，金融庁，総務省，財務省，経済産

表1.2 官民ファンド（平成27年度末）

名称	監督官庁	設置年月	出融資額 政府	出融資額 民間
産業革新機構	経済産業省	2009年7月	財政出資：2,860億円	140億円
中小企業基盤整備機構	経済産業省	2004年7月	一般会計出資：157億円	―
地域経済活性化支援機構	内閣府 金融庁 総務省 財務省 経済産業省	2013年3月	160億円 財政出資：130億円 一般会計出資：30億円	101億円
農林漁業成長産業化支援機構	農林水産省	2013年1月	財投出資：300億円	18億円
民間資金等活用事業推進機構	内閣府	2013年10月	財政出資：100億円	100億円
官民イノベーションプログラム（東北大学，東京大学，京都大学，京都大学および大阪大学）	文部科学省	東北大：2015年2月 東京大：2016年1月 京　大：2014年12月 阪　大：2014年12月	一般会計出資：1,000億円（東北大125億円 東大417億円 京大292億円 阪大166億円）	―
海外需要開拓支援機構	経済産業省	2013年11月	財投出資：416億円	107億円
耐震・環境不動産形成促進事業（環境不動産普及促進機構）	国土交通省 環境省	2013年3月	一般会計補助：300億円	―
競争力強化ファンド（日本政策投資銀行）	財務省	2013年3月	財投貸付：1,000億円	500億円（日本政策投資銀行の自己資金）
特定投資業務（日本政策投資銀行）	財務省	2015年6月	財政出資：650億円	650億円（日本政策投資銀行の自己資金）
海外交通・都市開発事業支援機構	国土交通省	2014年10月	財投出資：150億円	59億円
国立研究開発法人科学技術振興機構	文部科学省	2014年4月	一般会計出資：25億円	―
海外通信・放送・郵便事業支援機構	総務省	2015年11月	財投出資：19億円	19億円
地域低炭素投資促進ファンド事業（グリーンファイナンス推進機構）	環境省	2013年6月	エネルギー対策特別会計：93億円	―

(出所) 内閣官房官民ファンドの活用推進に関する関係閣僚会議幹事会（2015）ウェブ・ページより，抜粋，作成．

業省であり，設置期限は10年とされている．

(2) 全国型活性化ファンド

REVICの業務の中で，活性化ファンド業務は地域の経済成長を牽引する事業者を支援するため，地域金融機関などと協業，支援する形で運営するものである．その資金は，借入金および社債発行によるが，日本国政府によって保証されている．

活性化ファンド[16]には，観光産業支援ファンド，ヘルスケア産業支援ファンド，地域中核企業支援ファンド，ベンチャー企業・成長企業支援ファンド，震災復興・成長支援ファンドが含まれている．このうち，観光産業支援ファンドは，①古民家リノベーション，民泊，体験型旅行などの消費ニーズ，②格安レンタカー，カーシェア，LCCなどの移動手段，③スマホ・タブレット端末，ソーシャルメディア，クチコミ，CGM（インターネットを活用する消費者行動）などの情報入手経路の多様化に対応する必要に迫られている観光業者に資金と人材の双方からサポートする目的を有している．2012年4月に設立された52億円のこのファンドには，全国型のファンドと地域別ファンドがある．

全国型ファンドである観光活性化マザーファンド投資事業有限責任組合は，日本政策投資銀行がREVICおよびリサ・パートナーズと共同して2014年4月に組成した観光特化型，総額13億円の地域活性化ファンドである．その目的は，観光産業への投融資を通じ，地域活性化の新たなモデルを創出することにある．すなわち，3者のネットワークを活用し，地域の金融機関とも協力また地域内・広域での企業間の連携や再編にも取り組むものである．地域限定の子ファンドへの出資および観光拠点運営・交通・情報発信・飲食・宿泊を含む幅広い観光関連事業者等への直接の投融資を通じて，地域経済の活性化に資する観光事業の成長と発展を支援するものである．

しかし，その目的は投融資先に対するリスクマネーの提供に留まらない．観光事業に知見のある経営人材の派遣等を行うとともに，実現した事業モデルの他地域への展開を図ることで，地域にとって真に価値ある持続的な観光産業の創出・発展・成長を推進し，観光を通じた地域経済の活性化を目指している．

上述のように，官民ファンドは，民間では難しい長期資金を供給することで，地域経済，観光産業の活性化を支えるものと考えられる．しかし，官民ファンドが民間金融の貸出，投資を阻害する結果を生むようになるケースもあり得るだけに，官民ファンドに頼り切ることはできない．と言うのも，REVIC，耐震・環境

不動産形成促進事業，競争力強化ファンド，特定投資業務，地域低炭素投資促進ファンド事業のように，最も短い設置機関でさえ，10年を目処にしているからである．リスク性が高い長期資金とはいえ，プロジェクトの効率を評価するため，できるだけ期間を短縮する必要がある．また，地域のニーズに対応するためには，特に地域の民間資金を導入する役割に徹する方策が必要になる．

2-2 観光産業と地域金融機関
（1）地域別活性化ファンド

これまでも民間銀行を中心にしたファンドが創設されていたが，全国銀行に限らず，地域金融機関のそれも活発化している．地方銀行の他，信用金庫，信用組合，労働金庫，農業協同組合，漁業協同組合の協同組織金融機関が地域金融機関であるが，地域密着型のこれらの金融機関が，地域密着・発信型観光業の発展に大きくかかわってくるものと思われる．

実際，地域金融機関は，地域活性化ファンドおよびREVICと連携して，農林水産業，医療，サービス業などに資金を供給している．同時に，自治体や大学などとも連携して，取引先紹介・商談会の開催を通じた販路拡大支援等のビジネス支援，事業計画作成・創業手続支援等の創業・新事業支援，海外販路支援・法律税制の情報提供等の海外事業支援，経営改善計画策定支援・M&A支援等のサポート活動を行っている．

官民ファンドではあるが，地域金融機関を軸としながら民間資金の流入を促進すると思われるのが，地域別活性化ファンドである．北海道地域，関東地域，中部地域，北陸地域，近畿地域，四国地域，九州・沖縄地域にそれぞれファンドが設定されているが，ここでは，八十二銀行と地域経済活性化機構の協業を軸とする「観光地まちづくりモデル構築による観光地の面的活性化へ向けた取組み」と，中国銀行，広島銀行，山口銀行，阿波銀行，百十四銀行，伊予銀行，みなと銀行，日本政策投資銀行が協業する「観光関連産業を強化する地域における連携体制の構築」をとりあげることにする[17]．

このうち，「観光地まちづくりモデル構築による観光地の面的活性化へ向けた取組み」を推進するALL信州観光活性化投資事業有限責任組合は，2015年3月に設立された12億円のファンドである[18]．組合員は，八十二銀行，長野銀行，長野県信用農業協同組合連合会，長野県信用組合，長野信用金庫，松本信用金庫，諏訪信用金庫，飯田信用金庫，上田信用金庫，アルプス中央信用金庫，地域経済活性化支援機構，REVICキャピタル，八十二キャピタルであり，存続期間は7

年である．なお，業務運営者は，REVIC キャピタルと八十二キャピタルである．目的は，観光消費等の増大を図る「観光まちづくり」の構築および地域の経済・雇用を支える観光産業の発展に向けた取り組み支援である．

　支援の背景になっていたのが，訪日外国人に"SNOW MONKEY"として著名な湯田中・渋温泉郷や志賀高原を有する山ノ内町が空き店舗等の発生，寂れた街並み，地域の担い手の不足，地域連携の不足に悩んでいたことである．そこで，八十二銀行が，町出身の若手によって運営・推進されている観光まちづくり会社「（株）WAKUWAKU やまのうち」の支援に乗り出すことになった．REVIC との合意の下，また長野県内に本店を置く多くの金融機関の賛同，出資を得て，ファンドを設立した．

　設立の目的は，「WAKUWAKU やまのうち」の観光まちづくりの基本コンセプトを明確にすることにあったが，湯田中・渋温泉の観光資源の再整備，ターゲットを絞った情報発信を通じて集客増につなげるとともに，地域の空き店舗等の不動産を集約することで魅力的な街並みの構築を図っている．また，まちづくり会社の役員として地域出身の若手人材が加わったほか，八十二銀行から監査役，機構から経営や観光事業等のノウハウを活かした専門人材がハンズオン（成果創出に対するコミット）支援を実施した．さらに，地域の建築物や街並み整備に関して，機構と日本建築家協会が包括的協定を締結することで，地域活性化に取り組む人材を確保するとともに地域間，事業者間の連携を強化した．

　その後も，①地域内の事業者，住民，行政体等が積極的に意見交換するまちづくり委員会を組織し，地域一丸となった地域活性化モデルの構築を行っている．②オリンパス，志賀高原観光協会，プリンスホテル等の地元団体組織の協力を得て，ナイトフォトツアーを行っている．③まちづくり会社が中心になり，行政と連携し，観光庁観光地魅力創造事業に採択されている．同事業の中で，街並み整備事業ならびに映像コンテンツ・HP 制作事業を2015年12月〜2016年3月に実施している．④パイロット地域である山ノ内町の観光活性化の取り組みの加速化と，日本版 DMO の先進事例としてのまちづくり会社の育成を目指している．

　他方，「観光関連産業を強化する地域における連携体制の構築」を推進する「せとうち観光活性化投資事業有限責任組合」は，2016年4月に設立された98億円のファンドである[19]．せとうち観光パートナーズを無限責任組合員，中国銀行，広島銀行，阿波銀行，百十四銀行，伊予銀行，みなと銀行，もみじ銀行，徳島銀行，香川銀行，おかやま信用金庫，愛媛信用金庫を有限責任組合員としたこのファンドの運営会社は地方銀行7行（中国銀行，広島銀行，山口銀行，阿波銀行，

百十四銀行，伊予銀行，みなと銀行）と日本政策投資銀行，ジェイ・ウィル・アドバンスである．

　ファンド設立の目的は，多様な地域資源を有する世界有数の内海である瀬戸内を国内外の多くの人から選ばれるブランド地域とすることにある．そのため，瀬戸内エリアを一体化した地域資源の価値向上と情報発信力の向上を目指している．実際，瀬戸内に面する兵庫，岡山，広島，山口，徳島，香川，愛媛の7県で「瀬戸内ブランド推進連合」を設立して，交流人口の拡大を通じた地域経済の活性化を図っている．このファンド設立以前の2015年に，中国銀行，広島銀行，山口銀行，阿波銀行，百十四銀行，伊予銀行，みなと銀行，日本政策投資銀行と瀬戸内ブランド推進連合の間で「瀬戸内ブランド推進体制に関する協定書」が締結，「事業化支援組織推進室」が設置されていた．そして，瀬戸内ブランド推進体制の構築に向け，資金支援の観点から，観光ファンド，クラウドファンディング，制度融資，経営支援の観点から情報ネットワーク，共通基盤，DMO体制構築に向けた事業化支援組織形態の方向性につき検討されていた．

　これらプロジェクトの実施過程の特徴は，自治体と金融機関との広域連携であるだけに，スピード感よりもコミュニケーションを重視していることにある．また，地域金融機関の情報・ネットワークと日本政策投資銀行の多様なファイナンスノウハウと知見を活用することにある．そして，外国人延宿泊者数を2013年の120万人泊から2020年の360万人泊に高める目標を設定している．

（2）地域金融機関と地方自治体の連携，地域住民の参加

　次に，民間の地域金融機関を主な担い手とする観光産業活性化を見てみよう．地方銀行の場合，銀行間だけの連携も行われている．たとえば，2016年6月に，北國銀行，福井銀行，富山第一銀行，百五銀行，名古屋銀行，十六銀行の地銀6行による広域連携「東海・北陸観光産業活性化プロジェクト」が締結された．このプロジェクトは，東海・北陸地域の観光産業活性化と地方創生をめざして，6行が連携，協業して観光関連業者の事業支援のあり方を検討，支援するものである．連携内容は，①観光産業の振興に向けた情報交換会の開催，②地方創生に資する取り組みのあり方の協議・検討，③観光関連業者への多様な資金支援の検討，関連業者へのノウハウ提供による支援，④観光関連業者へのノウハウ提供による支援，⑤その他，地方創生に寄与する事業等の実施である[20]．

　また，地方銀行以外にも，協同組織金融機関特に信用金庫を中心にした協業の事例も見られる．観光ビジネスの形態は多義にわたり，多様な資金ニーズにマッ

チした多様な資金サービスが必要になったことが，その背景になっている．

たとえば，前節でとりあげた神奈川県伊勢原市は，2016年5月に信用金庫などと共同で「いせはら創業応援ネットワーク」を立ち上げている[21]．伊勢原市の他，平塚信用金庫，中栄信用金庫，中南信用金庫，伊勢原市商工会がネットワークの主体になっているが，神奈川県，日本政策金融公庫，地域金融機関，市内大学，各種専門家とも連携している．支援事業は，創業に関する窓口の開設，創業に必要な知識の学習，資金調達・金融相談，創業後のフォローを行っている．この他，伊勢原市役所商工観光振興課は，市補助金等の支援制度の紹介や特定創業支援事業の証明書の発行，県中小企業制度融資「企業化支援資金」利用者に対する利子および信用保証料の一部補助，空き店舗を活用する創業者への創業準備奨励金の支給を行っている．

上述のように，地方公共団体と地域金融機関との連携も活発化しているが，次のような分野での連携が行われている[22]．①金融機関の地域経済産業に関するデータや分析等の共有，②金融機関と共同で地方版総合戦略の前提となる地域経済産業分析，③総合戦略推進組織への地域金融機関の参加，④事務ベースでの地方版総合戦略の検討に関する協議，⑤KPI（重要業績評価指標）の策定や見直しに関する金融機関のノウハウ活用，⑥地方創生に関する事業のサービスや経営等の改善について金融機関ノウハウ活用，⑦特定の分野に関する広域にわたる地方公共団体の連携についての金融機関の連携やネットワークの活用，⑧金融機関の投融資の連携，⑨埋もれている地域資源のブランド化，販路開拓等についての金融機関のノウハウやネットワークの活用，⑩ローカル10,000プロジェクト（雇用吸収力の大きい地域密着型企業を10,000事業程度立ち上げるプロジェクト）等創業における金融機関との連携，⑪「ふるさと投資」スキームの運用における地域金融機関等との連携，⑫地域中小企業の経営改善や事業再生支援における金融機関との連携，地域で活躍する人材確保のための金融機関のネットワークの活用，⑬円滑な事業承継における金融機関との連携，これらの連携が計画，実施されている．

さらに，地方自治体の資金調達に対する市民，住民の参加も実現している．住民参加型公募地方債（住民公募債（ミニ公募債））[23]からも，市民の観光業への関心を知ることができる．

住民公募債は，地方自治体の歳入不足を補う目的で発行される地方債の一種であるが，地方債は，財政資金，郵政公社資金，地方公共団体金融機構資金（2005年度時点では公営企業金庫公庫資金），国の予算貸付・政府関係貸付の公的資金

と，市中銀行（銀行引受），市場公募地方債等の民間資金によって構成されている．なお，住民公募債は，全国型市場公募地方債（個別発行債），共同発行債（共同債）と共に，市場公募債を構成している．

　地方分権化に伴って，公的資金のシェアを減らす一方，2005年度，2010年度，2014年度の地方債残高を示す表1.3のように，民間資金特に個別発行債が増加する傾向が見られる．対照的に，財政資金と旧公営企業金融公庫資金の大幅な減少が地方公共団体機構資金の増加を相殺したことから，公的資金は2005年度の69兆4,461億円から2014年度の51兆5,859億円に減少している．その結果，公的資金のシェアは43.8％から35.3％に低下している．

　特に，民間資金の残高と地方債におけるシェアを高めた原動力となっているのが，市場公募債である．ちなみに，市場公募債の2005年度の残高は24兆5,810億円から2014年度の45兆6,304億円に増加し，シェアを17.6％から31.3％に高めている．中でも，個別発行債と共同発行債の増加が顕著である．

　このうち，個別発行債は大規模な資金調達を目的として，1952年度から1972年度までは，東京都など3つの道府県・5指定都市の8団体によって発行されたが，その後，発行団体が増加している．これに比べ，2000年代に入ってから新しく開発されたのが，小型な公募債である住民公募債と相対的に大型な共同発行債である．共同発行債は公募債の共同発行により，ロットの確保を図り，民間資金調達を安定的かつ有利に行うことを目的として，2003年4月に発行され始めたが，ペイオフ対策の商品として拡大した．

　住民公募債は，2002年3月に群馬県で発行された「愛県債」が最初であったが，地方債の個人消化および資金・調達手段の多様化と住民の行政への参加意識の高揚を目的としている．観光に関しても，たとえば，2007年11月，宗像市が，観光物産館整備事業を目的として，「宗像市公募公債」を2億円分発行している．また，2008年11月には，鹿児島県が，県内の観光地づくりや県内各地と観光地を結ぶ主要道路の整備などを目的として，20億円分の「観光かごしまパワーアップ債」を発行している．なお，鹿児島県は，その後，同様の目的から，2009年11月，2010年11月，2011年12月，2012年12月，2014年12月に，それぞれ，20億円の住民公募債を発行している．さらに，石川県は，2016年9月に，能登・加賀・金沢の各地域での魅力づくり，国内誘客に向けたプロモーション活動，海外誘客の促進などへの取り組みを目的として，50億円分の「ほっと石川観光応援債」を発行している．

　ところが，これらの住民公募債は，個別発行債および共同発行債に比べて伸び

表1.3 地方債残高 (単位 百万円・%)

	2005年度	2010年度	2014年度
財政資金	44,759,661 (32.0)	36,633,115 (25.8)	34,195,417 (23.4)
郵政公社資金 (旧郵政公社資金)	15,877,931 (11.3)	9,683,038 (6.8)	5,509,864 (3.8)
地方公共団体機構資金 うち旧公営企業 　金融公庫	—— 8,107,312 (5.8)	7,897,868 (5.6) 5,515,549 (3.9)	10,528,815 (7.2) 3,322,093 (2.3)
国の予算貸付・政府関係 貸付	701,154 (0.5)	1,232,278 (0.9)	1,351,767 (0.9)
ゆうちょ銀行	—	248,011 (0.2)	359,997 (0.2)
市中銀行	36,177,275 (25.9)	35,714,332 (25.1)	36,809,429 (25.2)
その他金融機関	6,923,901 (4.9)	9,133,822 (6.4)	9,144,743 (6.3)
市場公募債 うち個別発行債 　共同発行債 　住民公募債 　その他市場公募債	24,581,011 (17.6) 20,407,345 (14.6) 3,070,332 (2.2) 1,025,906 (0.7) 77,429 (0.1)	38,957,601 (27.4) 28,769,974 (20.4) 8,573,480 (6.0) 1,220,993 (0.9) 393,154 (0.1)	45,630,407 (31.3) 32,839,889 (22.5) 11,173,460 (7.7) 906,811 (0.6) 700,247 (0.5)
その他	3,502,104 (2.5)	4,060,545 (2.9)	4,175,447 (2.8)
合計	139,929,621 (100.0)	142,080,321 (100.0)	145,918,874 (100.0)

(出所) 総務省編 (平成19年版,平成24年版,平成28年版) より抜粋,作成.

悩んでいる．しかし，地域のニーズに直接応える民間主導の金融システム構築の必要性が認識され始めた中で，今後，重要な役割を果たすものと考えられる．市場型間接金融の色彩が強まり，投資信託の販売量が増える可能性が強まると考えられるだけに，新しい金融商品を扱う地域密着型金融の重要性が増しつつある．

3．これからの観光産業

3-1 コミュニティビジネスとしての観光産業
（1）多様な観光ビジネス

　観光産業振興に対する地域金融機関や地方自治体の役割が高まっているが，住民公募債に限らず，民間，市民主役の資金調達の方法がさらに重みを増すものと考えられる．その際，住民・市民と協業する大学，NPOの役割が一層重視されるようになると思われるが，観光産業そのものの変化も，拍車を掛けるものと思われる．

一口に観光産業と言っても様々な業務が存在しているが，次のようなジャンルに分けることができる[24]．①産業ツーリズム，エコツーリズム，グリーンツーリズム，カルチャーツーリズム，メディカルツーリズム，ヘルスツーリズム，スポーツツーリズムなどの旅行関連観光ビジネス，②リゾートホテル，日本旅館，民宿・ペンションビジネスなどの宿泊関連ビジネス，③国際・国内航空，鉄道，貸切バスの運送などの運送関連ビジネス，④空港施設，ガイド，ツアーオペレーターなどのサービス関連観光サービス，⑤音楽，アート，まつり，地域イベントなどのイベント関連観光ビジネス，⑥テーマパーク・遊園地・レジャーセンター，ゴルフ，温泉施設などのレジャー関連ビジネス，⑦飲食店，地ビール・ワイナリービジネス，訪日外国人向け土産ビジネスなど飲食・土産関連観光ビジネス，⑧観光関連大学，ミュージアム，農業・漁業・林業体験ビジネスなどの教育・文化関連ビジネスの他に，⑨観光情報，観光まちづくり，町屋など注目のビジネス，これらのビジネスが存在している．

　これらのビジネスを概観したとき，その多くをコミュニティビジネスとして捉えることができる．本章は，第1節・第2節で述べた様に，観光産業をグローカルな活動を目指す地域密着・発信型のコミュニティビジネスとして捉えている．つまり，最初から大規模な観光会社を想定するわけではなく，地方自治体，地域金融機関，大学，NPOと連携，協業する相対的に小型の観光業を対象としている．

　しかし，コミュニティビジネスは，当初こそ，せいぜい組織を維持する程度の収益を獲得するのが精一杯であっても，やがて事業を地域だけでなく世界に向けて拡大していく可能性を有していると思われる．IT（情報技術）が，それを加速するはずである．

　コミュニティビジネスとしての観光産業拡大の理由は，次のことによる．コミュニティビジネスには，図1.1のように，中小企業・小規模事業（マイクロビジネス），ベンチャービジネス，農業などの営利型のビジネスと，医療・介護・教育・子育て，環境保全業務のように非営利型のソーシャルビジネスが存在している．このうち，ソーシャルビジネスは，営利型事業と異なって，組織を維持する程度の営利の追求に留めて，さまざまな社会的課題を解決するビジネスであると考えられてきた．

　しかし，ソーシャルビジネスそのものも，営利事業発展型と非営利資源積極獲得型（組織存続型）の2つのタイプを有している[25]．ここで，強調したいことは，環境，教育，医療・介護など私的収益と無縁のように考えられがちなソーシャルビジネスが観光関連ビジネスの対象になり得ることである．地域の文化・歴史の

図1.1　コミュニティビジネスの型

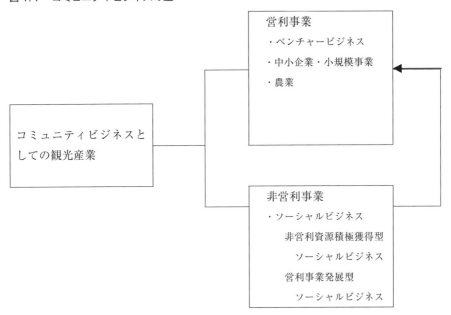

（出所）筆者作成.

学習や観光地の道路整備など観光産業の対象になっているソーシャルビジネスは，組織を維持するだけの利益に留まらず，医療を兼ねた観光のように社会的収益を超えた利益を獲得する可能性を秘めている．と言うのも，少子高齢化の深刻化とグローバル化の進展につれて，医療，教育，環境整備に対するニーズを高め，収益を生む機会を急増させる．一方，観光産業としてのサービスは，共感を有する有志によって提供されるので情報の非対称性が存在することなく，固定費が低く抑えられることになる．それゆえ，収穫逓増の可能性さえ想定され，収益の拡大が実現すると考えられるからである[26]．

（2）住民参加の資金チャンネル

しかし，観光産業の拡大に必要な資金が保証されるわけではない．ここに，住民・市民による資金面での協力が待たれることになる．まず，プロジェクトに社会的収益が存在するものの私的収益を生まない当初の間は，政府，地方自治体の資金や住民・市民の寄付金に頼ることになる．第1節で検討したように，伊勢原市の場合，まちづくり市民ファンド寄付金積立基金が設けられている．寄付者は，

住民税が軽減されるが，寄付金は市民活動を活発にするビジネス，小中学校校舎等の維持管理，芸術活動，文化財の公開・保存などの教育関連ビジネス，公共施設整備ビジネス，福祉拡充ビジネスに充てられている．

次に，ビジネスが順調に展開して，社会的収益だけでなく事業を継続するのに必要な私的収益を生むことが予想されるようになると，融資・投資の対象になり始める．実体経済から離れ金融経済に過度に依存した投機的な行動が結果的に投資効率を下げバブル経済を惹起する行動と異なって，観光産業などの実体経済の活性化に向けた融資や投資は，雇用と投資を高めるはずである．

市民・住民の資金をコミュニティビジネスに仲介するのは，NPO, NGO（非政府組織），金融機関特に地方銀行，信用金庫，農業協同組合など地域密着型の金融機関，地元企業などである．資金の供給は間接金融タイプと直接金融タイプの2つの資金チャンネルが存在している．

第1に，間接金融タイプの場合，まず，事業体と金融機関が事業スタート時から協業するケースが見られる[27]．地域には，事業資金不足，人口減少，企業間ネットワーク不足などの特有な課題が存在している．観光産業にとってこれらの課題の克服が前提となるが，信用金庫によって次の対策がとられている．

①資金不足を緩和する手段として，融資への便宜が図られている．ソーシャルビジネスなど小規模事業への貸出は情報の非対称性が高くリスクを伴いがちである．たとえば，新庄信用金庫の場合，バイオマスの活用にとって不可欠な生物資源の循環利用を支える諸機関の支援，地域の農業者，中小企業，住民，大学などの仲介や行政機関への申請支援，さらに的確な審査とスムーズな決済を可能にするなど地域金融機関の特性を活かした資金面の支援を行っている．

②人口減少対策として，協同組織金融機関が新事業創出や経営革新に取り組む中小企業を支援するようになっている．たとえば，協同組織金融機関の役割が相対的に大きい北海道において，大地みらい信用金庫は，新規事業の創出を主目的とする根室産業クラスター創造研究会と，既存企業の事業転換や再生を主目的とする大地みらい信用金庫起業家支援センターの運営に取り組んでいる．

③ネットワーク作りのため，金融機関を仲介とする大学との協業が行われている．たとえば，多摩信用金庫は，中小企業，支援機関，大学が集積する地域で，創業支援，技術・経営アドバイスなどの事業支援，支援機関との連携を促進している．金融機関は大学との連携が難しい小規模事業を支援する役割を果たしている．

信用金庫とは別に，NPOバンクが中間支援組織として協業に加わるケースを

挙げることができる．三菱リサーチ&コンサルティング株式会社の報告書によれば[28]，NPOバンクの役割は，市民が出資した資金を源泉として，地域社会や福祉，環境保全活動を行うNPOや個人などに融資することである．しかし，NPO自身は資金を集めることが認められていないため，業容拡大に伴って増大するソーシャルビジネスの資金需要に応えることができない．そこで，NPOバンクが仲介役を務めることになるが，金融商品取引法の改正下で出資者に対して配当は許されていない．

NPOバンクが最初に設立されたのは，1994年の未来バンク事業組合であった．東京を活動地として，環境グッズ購入，NPO，エコロジー住宅，環境・福祉事業を融資対象にしていた．その後，次々に，NPOバンクが設立されたが，たとえば，2003年に東京コミュニティパワーバンク（東京CPB）が，生活クラブ生協，東京生活者ネットワーク，東京ワーカーズコレクティブ協同組合，NPO法人アビリティクラブたすけあいの4団体を母体として設立された．その目的は，女性が代表を務める団体や法人格のない団体が資金調達するのが困難な状況を打開するため，市民自身の出資を可能にする仕組みを作ることにあった．融資の対象は東京都内の事業者で，東京CPBに出資している団体に限られるが，5人の賛同者とともだち融資団を組んで申請すると融資額も金利も優遇されるというグラミン銀行をモデルにしたともだち融資団制度が特徴的である．

第2に，直接金融タイプのコミュニティ・ファンドも，特に小規模な観光産業にとって活用が期待されることになる．コミュニティ・ファンドとは，株式を取得することなく，地域社会に金融サービスを供給するコミュニティ投資のことである．直接金融タイプのコミュニティ・ファンドには，匿名組合契約，疑似私募債，非営利型株式会社の3つのタイプがある．

このうち，匿名組合契約の事例として，2002年2月，鯵ヶ沢町において市民風車事業・建設費を調達したグリーンエネルギー青森（青森県青森市）を挙げることができる．グリーンエネルギー青森の目的は，循環型社会の実現と地域の自立にあったが，市民風車事業，自然エネルギー・省エネに関する普及啓発および調査活動，社会制度の研究および提言事業，地域活性化に関する事業を行っている．風車建設を目的とした資金調達は匿名契約で望み，建設費3億8,000万円の半分を補助金，残りの1億9,000万円を銀行融資と市民の出資で賄う予定であったが，銀行融資を受けられなかったため，市民からの出資金と自己資金で賄うことになった．

次に，疑似私募債の事例として，「NPO法人地域たすけあいネットワーク」を

挙げることができる．このネットワークは，親の介護をしていた主婦らが助け合いの理念の下で結集し，1999年に設立された地域の相互扶助組織である．主な活動は，たすけあい事業と介護保険事業であるが，助け合い事業は会員同士の有償の相互扶助事業である．また，2001年には，介護事業に参入して，訪問介護事業，通所介護事業，傷害者自立支援事業を行っている．会員収入と介護事業収入を主な収入源としている．しかし，金融機関の融資を受けられなかったことから，2001年と2003年の2度，疑似私募債を発行して，管理ソフトの購入と活動拠点の取得に充てた．

さらに，非営利株式会社の事例として，2007年に設立された秋葉原駅付近地区のまちづくりを目的とする秋葉原タウンマネジメント（株）を挙げることができる．美観推進事業，交通治安維持事業，施設・地区整備事業，観光促進・産業創出事業の4事業を行っているが，秋葉原地域の清掃とパトロールを実施するほか，世界への情報発信を行うタウンメディア・観光事業として，広告サービスなどを行っている．

広告収入が主な収入源であるが，非営利会社であるだけに，地域の環境改善を利益とみなす独特な運営を行っている．また，会社組織なのでNPO法人と異なって，出資という行為により，株主として会社との連携や監視が可能になる．すなわち，資本を預かることによって，経営と所有を分離また透明性を確保できることになる．

上述の経験から，地域密着・発信型の観光産業が地域の金融機関と住民の賛同を得て資金調達するためには，プロジェクトが有する社会性や将来性を明示することが先決になる．他方，資金供給側においても，金融機関の情報収集，審査，監視すなわち情報生産機能の強化ないし秋葉原タウンマネジメントのように出資を可能にする非営利会社の設立が喫緊の課題になる．

（3）家計の金融資産

コミュニティビジネスとしての観光産業に住民・市民が資金面から参加することが望ましいとしても，その可能性はどのようなものであろうか．

最初に，表1.4にしたがって，2010年末と2015年末の家計の金融資産の種類と構成比を見てみよう．2015年の家計の金融資産は1,740兆8,663億円で，2010年の1,489兆2,881億円から増加している．同年の資産構成は，①現金・預金（現金，流動性預金，定期性預金，外貨預金，その他預金（譲渡性預金））51.8％，②債務証券（国債・財投債，地方債，金融債，事業債，信託受益権）1.4％，③株式

表1.4　家計の金融資産　　　　　　　　　　　　　　　　　　　　　　　　　　　（単位　億円・%）

	2010年	2015年
現金・預金	8,206,670 (55.1)	9,016,887 (51.8)
現金	544,006 (3.7)）	624,187 (3.6)
流動性預金	2,969,018 (19.9)	3,685,474 (21.2)
定期性預金	4,639,620 (19.9)	4,655,500 (26.7)
外貨預金	53,775 (0.4)	51,356 (0.3)
その他預金	276 (0.0)	370 (0.0)
債務証券	923,309 (6.2)	250,371 (1.4)
国債・財投債	329,689 (2.2)	135,967 (0.8)
地方債	14,713 (0.1)	9,009 (0.1)
金融債	10,410 (0.1)	653 (0.0)
事業債	15,462 (0.1)	63,420 (0.4)
信託受益権	26,225 (0.2)	35,164 (0.2)
株式等・投資信託受益証券	941,849 (6.3)	2,649,830 (15.2)
株式等	635,506 (4.3)	1,687,147 (9.7)
上場株式	—	988,682 (5.7)
非上場株式	—	638,138 (3.7)
その他株式等	306,343 (2.1)	60,327 (0.3)
投資信託受益証券	—	962,683 (5.5)
保険・年金・定型保証	4,193,608 (28.1)	5,100,027 (29.3)
非生命保険準備金	—	528,291 (3.0)
生命保険受給権	—	2,196,959 (12.6)
年金保険受給権	—	802,227 (4.6)
年金受給権	—	1,554,583 (8.9)
その他保険・年金等	—	17,967 (0.1)
その他	627,445 (4.2)	391,548 (2.2)
合計	14,892,881 (100.0)	17,408,663 (100.0)

（出所）日本銀行（2011, 2016）より抜粋，作成．

等・投資信託受益証券（株式等（上場株式，非上場株式），その他株式，投資信託受益証券）15.2%，④保険・年金・定型保証（非生命保険準備金，生命保険受給権，年金保険受給権，年金受給金，その他保険・年金等）29.3%，⑤その他2.2%となっている．

　このうち，2010年から2015年にかけて，金額ベースにおいて，現金・預金，株

式等・投資信託受益証券，それに保険・年金・定型保証は増加，特に株式等・投資信託受益証券は大幅に増加したが，債務証券は減少している．また，構成比において，現金・預金と債務証券が減少したのに対して，株式等・投資信託受益証券が大幅に増加また保険・年金・定型保証が若干増加した．

その増減要因を見てみると，①現金・預金のうち，中核をなす定期性預金は，2010年の金融資産総額の19.9％から，2015年の26.7％へと大幅に増加している．②債務証券のシェアは全体的に低いが，国債・財投債と金融債のシェアが低下したのと対照的に事業債のそれは0.1％から0.4％へと増加している．③株式等・投資信託受益証券の中で，株式等（上場株式と非上場株式）の大幅な増加が目立っている．また，株式等と投資信託受益証券が，それぞれ，9.7％と5.5％を占め，主力になっていることもわかる．④保険・年金・定型保証のシェアは2010年からほとんど変わっていないが，生命保険受給権と年金受給権が12.6％と8.9％を占めるなど，主力商品になっている．

上述のように，家計の資産構成から見て，観光産業の資金調達に対して金融機関を通じた融資の可能性が最も高いことがわかる．しかし，株式等の上場株式だけでなく非上場株式がかなり多いこと，また規模は小さいものの，国債・財投債が縮小する中で事業債が増加していることから，ファンド型の資金調達の可能性も高まりつつあると考えることができる．

次に，総務省の「家計調査」にしたがって，世帯年代別の貯蓄額を見てみよう[29]．2015年の二人以上の世帯当たりの平均貯蓄額は1,805万円であるが，40歳未満世帯は608万円，40歳代世帯は1,024万円，50歳代世帯は1,751万円，60歳代世帯は2,402万円，70歳代以上世帯は2,389万円となっていて，高齢世帯の貯蓄が多くなっている．

他方，1世帯当たり（二人以上）の平均負債額は499万円であるが，年代別の負債額は，40歳未満世帯は942万円，40歳代世帯は1,068万円，50歳代世帯は645万円，60歳代世帯は196万円，70歳代以上世帯は83万円のように，40歳代と40歳未満代の世帯の負債が多く赤字になっている．ちなみに，40歳代未満世帯と40歳代世帯の純貯蓄額は，それぞれ，-334万，-44万円，逆に70歳代以上世帯，60歳代世帯，50歳代世帯の純貯蓄は，それぞれ，2,306万円，2,206万円，1,106万円となっている．

最も純貯蓄が多いのは70歳代以上の家計であるが，その資産運用を貯蓄現在高階級別に見てみると，貯蓄額が多くなるほど有価証券保有比率が高くなっている．たとえば，貯蓄額3,000万円以上の世帯の有価証券保有比率が20.0％であるのに比

べ，2,000万円〜3,000万円の世帯は10.1%に下がり，800万〜1,000万円の世帯では4.5%に過ぎない状況になっている．

また，二人以上の世帯のうち勤労者世帯の年間収入5分位階級で見ても，最も所得が多い第5階級（純貯蓄額1,293万円）の有価証券保有比率が15.3%であるのに対して，第4階級（純貯蓄額415万円）は11.1%，第3階級（純貯蓄額357万円）は8.6%のように保有比率が低下している．

これらのことから，高齢層，高所得層に観光関連のコミュニティビジネスに対する投資資金を期待することになるだけに，今後，地方自治体，NPO，金融機関などの仲介によって，高齢層・高所得層に魅力ある投資機会をアピールすることが重要になる．また，まちおこし等への共感を鼓舞する企画がポイントになるが，特にそこで働く若年層の雇用と所得を高める方策が重視されることになる．それだけに，観光産業の伸長が望まれる．

3-2 まちおこしの観光業

本章がコミュニティビジネスとしての観光産業を重視するのは，市民，住民の積極的な参加を促し，生き甲斐のあるコミュニティとしての「場」の形成に貢献することができると考えているからである．少子高齢化の中で依然として地域経済の低迷が続き，地域の人々の所得と雇用の拡大が喫緊の課題になっているだけに，コミュニティを基盤とする観光ビジネスの確立に期待が掛かることになる．

観光産業は大規模・全国型の観光業者とコミュニティビジネスとしての中小規模・地域密着型の観光業者に分類されるが，両者とも経済を活性化していることでは共通している．

これまで，大規模・全国型旅行会社は発地型の観光業者，中小規模の旅行会社は着地型の観光業者であると捉えられがちであったが，最近では大規模・全国型の旅行業者も着地型観光，また個人旅行を重視するようになっている．

しかし，本章が対象にしてきた観光産業は，着地型観光業というよりも地域密着・発信型観光産業と称するのがふさわしい．その理由は，地域密着・発信型観光産業が，住民・市民が主体となるコミュニティを土台として，国内外の旅行者を対象に企画される観光産業であることによる．この考え方を裏付けるのが，地域産業の存続に危機感を抱く中小企業が地域産業再生を目指す新たなコミュニティを誕生させた別府市のハットウ・オンパクなどの成功例である．新しいコミュニティとは，①地域産業の先行きに危機感を持った地元の起業家，地域の有力企業をリタイアした人など多様な人々，さらに域外から新たな発想を持ち込む人な

ど多様な人々が共通した危機感の下で,自主的に参加するオープンな社会,②公共的かつ自立的な精神を持つ参加者が,相互の個性を最大限発揮させながら進化を続ける社会のことである[30]．

　この新しいコミュニティが観光産業を育成していくが,事業は地域に留まらず国内の他地域さらに海外にまで拡がる可能性を秘めている．その理由は,供給面において,コミュニティを基盤とするサービスが,共通した意識を有し志を同じくする人々によって供給されるので,情報の非対称性も緩和され,諸経費を低く抑えることができる．加えて,コミュニケーションをとりやすい日々の生活の中で,技術革新の機会も生じやすいことによる．他方,需要面において,学習・文化,環境整備,医療・介護など観光関連の諸プロジェクトに対する需要はますます増加するものと想定される．この需供関係が収穫逓増現象さえ生じさせ,雇用と所得を高めることになる．その場合,労働世代だけでなく高齢者の働き場所を創出する一方,高資産保有者である高齢世帯にとって魅力的な投資機会を提供することになる．

　しかし,地域密着・発信型の観光産業が地域活性化に貢献するための重要な条件は,さらなる地方分権化であると思われる．これまでも,地域経済活性化を目的とした財政面,金融政策,コミュニティ基盤に関わる地方分権化措置がとられてきた．地方の発意に根差した新たな取り組みを推進する目的の第5次地方分権一括法の成立,「地域密着型金融の機能強化に関するアクションプログラム（新アクションプログラム）」の策定,活力ある地域社会の形成と地域主権型社会の構築を目指した「緑の分権改革」などへの支援が,その代表的な事例である．

　また,資金チャンネルを強化するために,次の施策が考えられる．第1に,高齢世帯の貯蓄と投資を惹きつける環境整備を行う必要がある．公的年金によって消費を賄うのが難しく,それが高齢者の資金の有効活用のネックになっている．加えて,高齢世帯もすべての世帯の貯蓄額が高いわけではなく,低貯蓄世帯は厳しい生活を送っていることに留意する必要がある．それだけに,特に低貯蓄世帯に最低水準の公的年金を保証する年金のグランドデザインを提示することが有効な政策と思われる．同時に,医療・介護関連の観光業において,特に低貯蓄高齢世帯を雇用することによって,コミュニティ内の資金循環を活性化するとともに,年金受給開始時期を遅らせることも可能にすると考えられる．他方,私募債や社会的インパクト投資など高貯蓄高齢世帯のコミュニティへの参加意欲を高めるような金融商品を開発する手段も考えられる．

　第2に,NPOの活動を支援する必要がある．たとえば,森林整備などが絡む

プロジェクトを小規模な観光業者がスタートさせるとき，社会的収益が高いが目先の私的収益は低いプロジェクトが，将来，私的収益が見込めるまでに業容が拡大する場合には，NPO が仲介する資金チャンネルを活用できるはずである．ただし，NPO は自ら資金を集めることができないので，NPO バンクが介在せざるをえない．ところが，NPO バンクは，出資金を集めることは可能であるが，営利事業と異なって配当が認められていないため自らの出資ができないという制約を受けている．そこで，法人格を認可することによって，出資を増やす方法も効果的と思われる．

第 3 に，地方交付税依存度を低める地方独自の行政，課税構造の構築が必要になる．たとえば，道路整備を含む観光関連プロジェクト開始後，しばらくの間，組織を維持するだけの収益を得られないような場合に，ミニ公募債の発行やコミュニティ・ファンドを活用する手段が考えられる．しかし，それが不十分であれば寄付金に頼ることになるが，寄付を募るためには社会的投資減税制度の拡充が有効な手段になるものと思われる．

第 4 に，貯蓄者，投資家保護体制の強化が不可欠になる．規制の型はコミュニティビジネスの伸長につれて変わるはずである．NPO・NGO，企業，会員などの連携によって運営される小規模な段階では，自主規制が望ましい．しかし，規模の拡大に伴って，市民の貯蓄を原資とした貸出や投資が行われるようになるのにつれて，リスクを伴う資金調達も行なわれることになる．それに応じて，金融機関側の情報生産機能，また政府のプルーデンス規制および情報規制の強化が要されることになる．

第 1 章 注
1) 国土交通省観光庁（2016）ウェブ・ページ「「明日の日本を支える観光ビジョン」施策集」，2 頁．
2) 国土交通省観光庁（2016），27 頁．
3) 国土交通省観光庁（2016）ウェブ・ページ「明日の日本を支える観光ビジョン—世界が訪れたくなる日本へ」，1-26 頁．
4) 国土交通省観光庁（2013），26-31 頁．
5) 国土交通省観光庁（2016），245 頁．
6) 同書，252-253 頁．
7) 国土交通省観光庁（2016）ウェブ・ページ「明日の日本を支える観光ビジョン　施策集」，10-11 頁．
8) 内閣官房 まち・しごと・ひと・しごと創生本部事務局（2016）「まち・ひと・しごと創生基本方針 2016（案）」，7-23 頁を参照．
9) 日本政策金融公庫総合研究所（2011）ウェブ・ページ，81-89 頁．
10) 伊勢原市観光協会（2016）ウェブ・ページ「平成大山講プロジェクト」，1-3 頁．

11) 厚木市（2016）ウェブ・ページ「厚木市観光新興計画」，43-58頁．
12) 伊勢原市平成大山講プロジェクト推進協議会（2013）ウェブ・ページ，1-16頁．
13) 秦野市（2012）ウェブ・ページ「秦野市振興基本計画」，31-56頁．
14) 内閣官房官民ファンドの活用に関する関係閣僚会議幹事会（2016）ウェブ・ページ，15-16頁．
15) 内閣府地域経済活性化支援機構担当室（2013）ウェブ・ページ「地域経済活性化支援機構について」，2-16頁．
16) 内閣府地域経済活性化支援機構（2016）ウェブ・ページ「活性化ファンド業務」，1-2頁．
17) 内閣官房まち・ひと・しごと創生本部事務局，前掲書，31-32頁．
18) 八十二銀行（2016）ウェブ・ページ，1頁．
19) 98億円は，2016年6月29日時点のファンド額である．おかやま信用金庫（2016）ウェブ・ページ，1-2頁．
20) 北國銀行・福井銀行・富山第一銀行・名古屋銀行・十六銀行（2016）ウェブ・ページ，1頁．
21) 伊勢原市（2016）ウェブ・ページ「伊勢原市の創業サポート」，1-4頁．
22) 内閣官房（2015）ウェブ・ページ「地域の成長戦略実現のための金融機関との連携について」，1-15頁．
23) 地方債協会ウェブ・ページ，各年次版．
24) 加藤弘治（2012），2-189頁による．また，川澄文子（2015），1-50頁を参照．なお，観光産業そのものの考え方については，原田保（2014），23-55頁を参照．
25) 経済産業省（2011）ウェブ・ページ，4-7ページおよび岸真清・島和俊・浅野清彦・立原繁（2014），136-141頁．
26) 収穫逓増の可能性については，岸真清（2013），24-30頁を参照．
27) 中小企業金融公庫総合研究所（2008），3-60頁を参照．
28) 三菱UFJリサーチ＆コンサルティング株式会社（2009）ウェブ・ページ，67-72頁．
29) 総務省統計局（2007；2012；2016）ウェブ・ページ，4-25頁．
30) 日本政策金融公庫，前掲ウェブ・ページ，7-16頁．

参考文献

加藤弘治（2012）『観光ビジネス未来白書』同友館．
川澄文子（2015）「地域観光産業における価値向上の取り組み―持続可能な観光資源の創出条件とは―」日本政策金融公庫総合研究所『日本公庫総研レポート』No.2015-2．
岸真清（2013）『共助社会の金融システム』文真堂．
岸真清・島和俊・浅野清彦・立原繁（2014）『ソーシャル・ビジネスのイノベーション』同文舘．
国土交通省観光庁編（2013）『観光白書』平成25年版．
国土交通省観光庁編（2016）『観光白書』平成28年版．
総務省編（2007）『地方財政白書』平成19年版．
総務省編（2012）『地方財政白書』平成24年版．
総務省編（2016）『地方財政白書』平成28年版．
中小企業金融公庫総合研究所（2008）『地域活性化に向けた地域金融機関の多様な取組み』（中小公庫レポート）No.2008-5．
日本銀行（2011）『日本銀行統計 2011』．
日本銀行（2016）『日本銀行統計 2016』．
原田保（2014）「「ニューツーリズム」と「地域ツーリズム」のコンテクスト転換―「ツアー概念」から「トラベル概念」への"原点回帰"―」地域デザイン学会『地域経済と観光ビジネ

ス』芙蓉書房.
厚木市（2016）ウェブ・ページ「厚木市観光新興計画」(http://www.city.atsugi.kanagawa.jp/kankou/keikaku/d034942.html).
伊勢原市平成大山講プロジェクト推進協議会（2013）ウェブ・ページ「大山魅力再発見「平成大山講」プロジェクト～体感！　悠久の歴史・安らぎの霊峰大山」(http://mitte-x-img.phj.jp/isehara-kanko/file/heisei_oyama/kihon_keikakusho.pdf).
伊勢原市（2016）ウェブ・ページ「伊勢原市の創業サポート」(http://www.city.isehara.kanagawa.jp.docs/2016050900076/file_contents/pamphlet.pdf).
伊勢原市観光協会（2016）ウェブ・ページ「平成大山講プロジェクト」(http://www.isehara-kanko.com/publics/index/151/&anchor_link=page151_723).
おかやま信用金庫（2016）ウェブ・ページ (http://www.shinkin.co.jp/okayama/osirase/20160629_2.htm).
経済産業省（2011）ウェブ・ページ「ソーシャル・ビジネス推進研究会報告書「平成22年度地域新生町産業創出促進事業」(http://www.meti.go.jp/policy/local_economy/sbcb/sb%20suishin%kenkyukai/sb%suishin%20kenkyukai%20hokokusho.pdf).
国土交通省観光庁（2016）ウェブ・ページ「明日の日本を支える観光ビジョン　施策集」(http://www.mlit.go.jp/common/001126604.pdf).
国土交通省観光庁（2016）ウェブ・ページ「明日の日本を支える観光ビジョン─世界が訪れたくなる日本へ─」(http://www.mlit.go.jp/common/001126598.pdf).
総務省統計局ウェブ・ページ（2016）「家計調査報告（貯蓄・負債編）」(http://www.stat.go.jp/data/sav/sokuhou/nen/pdf/h27_gai2.pdf).
地方債協会ウェブ・ページ（2016）「住民参加型市場公募地方債」(http://www.chihousai.or.jp/03/03_16.htm).
内閣官房　まち・ひと・しごと創生本部事務局（2015）ウェブ・ページ「地方創生に向けた金融機関等の「特徴的な取組事例」について」(http://kantei.go.jp/singi/sousei/meeting/tihousousei-setumeikai/h27-12-18-siryou2-7.pdf).
内閣官房・官民ファンドの活用に関する関係閣僚会議幹事会（2015）ウエップ・ページ「官民ファンドに係るガイドラインによる検証報告」(http://www.cas.go.jp/jp/seisaku/kanmin_fund/pdf/kenshohoukoku_dai5.pdf).
内閣官房（2016）ウェブ・ページ「まち・ひと・しごと創生基本方針2016（案）」(http://www.kantei.go.jp/jp/singi/sousei/meeting/souseikaigi/h28-05-20-siryou2.pdf).
内閣府地域経済活性化支援機構担当室（2013）ウェブ・ページ「地域経済活性化支援機構について」(http://www.cas.go.jp/jp/seisaku/fund/dai1/siryou4.pdf).
内閣府地域経済活性化支援機構（2016）ウェブ・ページ「活性化ファンド業務」(http://www.revic.co.jp/business/gp/index.html#businessIntro).
日本政策金融公庫総合研究所（2011）ウェブ・ページ「地域産業再生のための「新たなコミュニティ」の生成」『日本公庫総研レポート』(No.2011-4) (http://www.jfc.go.jp/n/findings/pdf/soukenrepo_11_10_24.pdf).
日本政策投資銀行（2015）ウェブ・ページ「「地方創生」に関する地域金融機関と日本政策投資銀行との連携について」(http://www.hokuriku_mof.go.jp/content/000109031.pdf).
秦野市ウェブ・ページ（2012）「秦野市振興基本計画」(https://www.city.hadano.kanagawa.jp/kanko/documents/keikaku.pdf).
八十二銀行ウェブ・ページ（2015）「「ALL　信州観光活性化ファンド」の設立について」(http://www.82bank.co.jp/ct/other000011500/news2015033b.pdf).
北國銀行・福井銀行・富山第一銀行・名古屋銀行・十六銀行（2016）ウェブ・ページ「地方銀

行6行による広域連携」(www.meigin.com/manage/data/entry/news/news.00908.00000001.pdf).

三菱UFJリサーチ&コンサルティング株式会社（2009）ウェブ・ページ「平成20年度コミュニティ・ファンド等を活用した環境保全活動の促進に係る調査環境報告書」(http://www.env.go.jp/policy/community_fund/pdf/mokuji.pdf).

第2章　観光の動向と日本経済

1．観光と経済

1-1　観光の意義

　観光という語には種々の意味合いが含まれているが，本文では，簡単に，「人々が余暇を享受するために移動して行う活動」と定義しておくことにする．ただし，わが国の『観光白書』[1]では，国際観光の分野においては，ビジネスを主たる目的とした旅行であっても，それを観光に含めて扱っている．

　わが国では，観光振興を国の政策の中で重視する必要性が注目されるようになってきており，1963年に『観光基本法』が制定されている．それは，基本的に，国際親善の増進，国民経済の発展，国民生活の安定と向上を狙いとしたものであった．すなわち，外国人が日本を訪問して，日本の社会や風物を見聞し，また，日本人と触れ合うことで相互の理解が深まり，国際親善に貢献すると考えられる．次に，人口の減少している日本では工業製品に対する消費需要の伸びが大きくは期待できない状況の中で，国内での人々の移動や外国人の来日によって各種のサービスに対する需要が拡大すれば，労働への需要や各地の産品への需要が増えて経済全体への波及効果も大きくなると予想される．また，観光政策を一つの契機として様々な形での地域振興が全国に広がり，それが経済の活性化をもたらすことにもなる．

　観光が成り立つ条件としては，第1に，観光の対象となるものがあること，第2に，その対象を人々に周知させること，第3に，その対象にアクセスする手段があること，第4に，その対象の近辺に宿泊施設があること，第5に，その観光対象を訪れる人々がいること，の5つが考えられる．

　第1の観光の対象としては，いわゆる名所旧跡，歴史的遺産，文化的遺産，美しい自然環境，博物館や美術館，動物園や植物園，等々の他に，遊園地や各種のテーマパーク等が含まれる．そこには，過去からの価値を保全したり陳列したりする種類のものと，各地での様々な祭りのように，イベントを開催する形のものがある．もっとも，前者の場合でも，特別展やイベントを開催するケースがあり，両方の側面を兼ね備えているといえる．また，別の観点から見れば，自然環境や名所旧跡のように古くから存在していたものもあれば，遊園地やテーマパークのように比較的新たに作り上げたものもある．さらに，各地での祭りは，観光を契

機とした地域振興のためのイベントとして近年多くの自治体で盛んに開催されるようになっている．

　第2の観光対象を人々に周知させることについては，現在では，大幅に普及しているといえよう．従来は，人々は旅行代理店や新聞・雑誌の広告等を通じて観光に関する情報を得るのが中心であったが，近年では，インターネットによる各種の情報が即時的に大量に入手できるようになっている．それゆえ，観光情報の伝達は格段に便利になっている．ただし，各種の条件下で情報弱者といわれる人々も少なくはないことも考慮する必要があると思われる．

　第3の観光の対象へのアクセスの手段としては，交通網の整備がある．交通網には，鉄道，道路，空路，航路等がある．わが国では，鉄道は古くから普及しており，高速の新幹線網もかなり拡張されている．また，道路も国道，地方道ともに舗装率も高くなってきており，高速道路も各地に拡がってきている．さらに，空路や航路も整備されて来ており，とりわけ，近年，航空機の利用者は高い水準で推移している．したがって，幹線網を中心として交通網はわが国ではかなり整備されているといえよう．しかし，近年では，団体旅行だけではなく，個人や小グループでの旅行が日本人にも外国人にも広がっている．その意味では，レンタカー等の利用をより容易にするような仕組みを工夫することも重要であろう．

　第4の宿泊施設については，全国の観光地には旅館やホテル，民宿等の施設が数多くある．しかし，テーマパークなどの新たな観光対象の増加や外国人の訪日客の急増などに伴って，近年，宿泊予約の困難な地域も増えている．また，従来とは異なり，外国人の中でも安価な宿泊施設を利用してより長期間滞在することを希望する人々も増えてきている．また，日本人の場合でも，休日日数の増加につれて，より長期の観光を楽しむ人々も増加すると思われる．最近検討されているように，一定の条件を付けて個人所有の空家や空室を活用する民泊の仕組みをより拡大することも考慮すべきであろう．

　第5の観光客については，休日の増加と所得の上昇，そして，観光客にとっての魅力が観光地に人々を向かわせる大きな要因と考えられる．日本の休日日数は以前に比べてかなり増加しており，所得水準も小幅ながら着実に上昇している．すなわち，人々が観光に行きやすい環境が整ってきている．そこで重要なのは，観光対象の魅力となる．世界遺産や日本遺産への指定もその魅力づくりの一環であろうが，祭りやイベント等の開催を適切に組み入れていくことで新たな魅力を作り出すなどの工夫も必要であろう．

　以上のような観光を成立させる条件を推進するのが，国や地方の観光政策であ

る．観光地の自然環境や神社仏閣，そして各種の文化財等の保全は民間だけでは十分にはできない．また，交通網の整備については，基本的に行政が担うべきものと考えられる．さらに，宿泊施設についても，治安面や衛生面で人々が安心して過ごせるような基準を設けることが重要であり，それは民泊を拡大する際にも大いに配慮されなければならない．そして，将来的に観光が産業として国民経済の中で重要な位置を占めるとすれば，国と地方が連携して観光関連産業を適切に監督するとともに，それを育成していく方策も考えるべきであろう．国際観光の分野では，とりわけ，インバウンド（外国人訪日客）を増やすことが国内の消費需要を増やすのに一定の効果があるとされる．そのために，たとえば，ビザの発行条件の緩和や消費税の還付手続きの簡素化などの政策措置は，政府の果たす重要な役割の例といえる．今後の観光関連産業の発展を予想すれば，国民経済的な観点からして，そのような各種の政策に国も地方も一層積極的に取り組むことがわが国の経済発展のために必要になってくるであろう．

1-2 観光の経済効果

観光を経済学的観点から見れば，観光客はサービスや財の消費者であり，観光対象の諸施設，宿泊施設，交通機関等はサービスや財の供給者となる．消費者としての観光客は，自分の取得できる休暇日数や支払える費用という制約条件の下で，自分の行きたい観光先，交通手段，宿泊施設等を検討し，自分にとって満足が最大となるようにそれらを選択し，最終的な決定をする．

観光は人々が生活していくうえで欠かすことができない必需財とは性格が異なり，多分に人々の好みや世間の評判，流行等に影響を受けやすい性格のものといえる．たとえば，人気のあるドラマの舞台となれば，そこに観光客が集中することがあるし，世界遺産に登録されたり，新たな遊園地やテーマパークが開設されたりすれば，そこに一度は行ってみたいと思う人々が増える．しかし，そのような人気がいつまで継続するかはわからない．別の新たな人気ドラマが登場したり，新たなテーマパークが出来たりすれば，そこに人々が集中するかもしれない．人々は自分の興味や関心，魅力を感じる場所に移動するであろう．

観光への需要は，人々の得る所得水準によっても影響を受ける．人々は，働いて得た収入でまず食料品，被服，光熱費，家賃等の生活していくうえで最低限必要な経費を賄い，さらに余裕がある場合に貯蓄や娯楽費に充てている．観光への支出は娯楽費の一部であるから，人々の生活に概して余裕が出てきて初めて観光への関心が高まってくると考えられる．所得水準が高くなり，生活に余裕がある

人々が増えてくるにつれて，観光に対する需要が拡大するといえよう．現在では，先進国だけでなく，開発途上国でも中間層が増加しており，世界的にも観光需要の増大が見込まれる．

　観光への需要は，また，人々の取得できる休暇日数によっても影響される．休暇日数が少なければ，人々はその居住地の周辺で日帰りや，せいぜい一泊程度の範囲で移動するしかできないであろう．しかし，人々がより長期の休暇を取れるようになれば，その行動範囲も大幅に拡大する．人々は，より遠くの，そして，より多くの観光対象を訪れることが可能になる．それは，人々がより多くの観光施設，宿泊施設，そして，交通機関等への需要を増やすことになる．近年，働く人々の労働時間が短縮され，休暇日数も増やす傾向が強まっているので，観光にとっては条件が有利になってきていると考えられる．

　観光に関連するサービスや財を提供する供給者は，観光施設，宿泊施設，交通機関等である．それらは，主として民間の企業によって運営されている．したがって，観光客にそれらの施設を利用させて料金を徴収して採算を図っている．他の条件が変わらなければ，料金を高くすれば利潤が増えることになるが，観光客がそれを高すぎると判断すればそこを利用する人が減り，一定以上利用者が減少するとかえって利潤が減ってしまう．各施設の経営者は，それらの条件を考慮しながら料金を設定し，採算性をとっていくことになる．

　また，観光に関する情報が提供されることは，需要者としての観光客と供給者としての観光施設等の双方にとって重要である．需要者は漠然と，どこかに行きたいと思っているだけかもしれないし，目的地は決めていても，どのような経路で旅行すべきかが良くはわからない場合もあるであろう．そのような場合，宣伝や広告を見て検討することによって，人々は自分の好みに合った観光経路を選択することが容易になる．そこに，インターネットによるものも含めて，旅行社，旅行代理店等が観光において果たす重要な役割があるといえよう．

　観光が国民経済に及ぼす影響としては，所得創出効果，雇用創出効果，そして，税の増収効果の3つが指摘される[2]．まず，観光のための入場料，宿泊費，交通費，そして，現地での飲食費，お土産代，等々は，消費支出の増加となり，それは経営者側から見れば売り上げの増加を通じて所得の増加をもたらす．所得の増加が大きくなれば従業員の報酬が増えたり，従業員を増やしたりするから，雇用者所得が伸びることになる．また，外国人観光客の増加は，訪日客がいなかった場合に比べて，国内の消費需要を伸ばす効果が大きくなるであろう．外国人訪日客を増やそうとする政府の取り組みの一つの要因は，その経済的効果の大きさに

期待しているからともいえる．

　つぎに，観光の場では，遊園地やテーマパーク，ホテルや旅館など人手を必要とする労働集約的な職種が多く見られる．したがって，顧客が増加すれば，雇用する従業員も増やしていく必要がある．保養地や，海水浴場，スキー場のように季節によって繁閑の差が大きい所でも，繁忙期には季節従業員を確保しておく必要がある．正規の従業員でなくとも，雇用の増加は確実に所得の増加をもたらすことになる．このような労働集約的な側面を持つ観光産業の性格を考えると，長期的に人口が減少する社会の中で，将来的には労働力をいかに確保し，活用するかが課題となってくるかもしれない．

　他方で，観光による税の増収効果はかなり事後的なものであり，また，間接的なものといえよう．温泉税や観光税の徴収が可能なケースであれば，確かに増収効果が認められるであろう．しかし，税の賦課の拡大は，一般的には，企業活動にも消費活動にもマイナスの影響を与える．外国人に対するある種の税の免除は，それを考慮したものといえる．すなわち，観光関連企業の税を引き上げれば，観光関連企業の利潤が低下し，それを補うために料金の値上げをすれば観光客が減って売り上げが減少してしまうというような悪循環に陥る恐れもある．

　むしろ，国や地方自治体は，観光関連企業の売り上げが伸びるように協力したり，助成したりすることが重要であろう．たとえば，官民一体となって各地の観光対象を宣伝したり，観光イベントを開催したりすることが，観光の活性化にとって効果的であると思われる．そして，そのためには，ある程度の費用負担を公費で行うことが望まれるであろう．国や自治体は，長期的な視野から，戦略的に，観光関連企業を育成し，その成功に伴って税収が着実に確保できるような取り組みを進めるべきであろう．

2．日本の観光の状況

2-1　外国人訪日客と国内旅行

　わが国への外国人訪日客は，2015年に1974万人に達している[3]．これは，前年度に比べて47.1％の伸びであり，観光統計を取り始めた1964年以来，最も大きな伸び率であった．また，訪日客数は，過去最高を3年連続で更新し続けている．

　まず，外国人訪日客が世界のどの地域からどのくらい来ているかを見てみよう．訪日客が圧倒的に多いのはアジアであり，1637万人で全体の82.9％となっている．その内訳を見ると，東アジア地域からが1620万人で訪日客の71.9％を占めており，

東南アジアからが207万人で10.5％となっている．アジアに次いで多いのが北米であり，その訪日客は126万人で全体の6.4％を占めており，欧州主要5か国[4]が82万人で4.1％となっている．わが国への訪日客は，現状では，アジアからが8割以上と大半を占めている．これは，アジアの国々が地理的にわが国に近く，また，各国で近年，経済成長が比較的順調に進んで以前よりも豊かな人々が増えてきたことが大きな要因と考えられる．

次に，外国人訪日客の国別の内訳を見てみよう．最も多いのが中国の499万人であり，全体の25.3％を占めている．次いで，韓国が400万人で20.3％を占めており，さらに，台湾が368万人で18.6％と第3位となっている．以上の3つの国からの訪日客が圧倒的に多数を占めている状況である．これら3か国に続く国としては，香港が152万人で訪日客の7.7％を占め，次いで，米国が103万人で5.2％，タイが80万人で4.0％となっている．

中国については，近年，経済成長が進んでおり，富裕層の他，中間層も増えており，海外旅行をする余裕のある人々が多くなってきている．また，LCCなどの航空路線やクルーズ船の就航も増加しており，交通面で大幅に便利になってきていることの影響が大きいと思われる．台湾や香港についても，やはり航空路線やクルーズ船の拡充が訪日客の増加に貢献していると思われる．他方で，2015年は，為替レートの面で概して円安の状況が続いていたので，そのことが訪日客の増加をもたらした要因の一つであったとも考えられる．

最近において外国人旅行者が増えている要因として，『観光白書（平成28年版）』では，以下のような指摘を行っている[5]．すなわち，第1に，経済環境（の好転）であり，第2に，日本への国際的注目度の高まり，第3に，訪日外国人旅行者に向けた施策展開，そして，第4に，継続的な訪日プロモーション（の実施）である．

第1の経済環境については，とりわけ，アジアの新興国が経済成長することによって海外旅行者が増加しており，また，円安が進んだことで訪日旅行が割安に感じられるようになっており，さらに，航空運賃の低下やクルーズ船の寄港の増加が日本に来やすい環境を作り出している．第2の日本への国際的注目度の高まりについては，2020年の東京オリンピック・パラリンピックの開催決定や，「富士山」や「富岡製糸場」，そして，「明治日本の産業革命遺産」等が世界文化資産に登録され，また，「和食」や「和紙」が無形文化遺産に登録されたことが，海外からも関心を持たれている．第3の訪日外国人旅行者の拡大に向けた施策展開については，政府が外国人観光客の増加を意図して，首都圏の空港の発着枠を拡

大し，また，旅行ビザの発給条件を大幅に緩和し，さらに，外国人旅行者向けの消費税免税制度を拡充し，出入国の際の税関・出入国管理・検疫の仕組みを整備したことなど，政策や制度面での充実がある．そして，第4の継続的な訪日プロモーションについては，たとえば，訪日に適した時期について，春の桜の季節だけではなく，秋の紅葉や冬の雪景色など，季節ごとの特色を打ち出していくことによって新たな訪日の勧誘と定着化を図ったり，さらに，東京や京都，富士山周遊ルートなど既に良く知られている箇所ばかりでなく，地方の魅力をより広範に外国向けに宣伝してきたりしてきたことなどが徐々に効果をもたらしていると考えられる．

　その他に，経済，政治，文化，学術等の各種の国際会議の開催や，国際的な展示会やスポーツ大会等の開催なども，訪日旅行者を増やしたり，その契機を作り出したりするのに有効だと思われる．日本で開かれた国際会議に出席する人々ばかりでなく，同伴して観光を楽しむケースも考えられるし，スポーツ大会の場合でも，その参加者だけでなく，応援するために来日する人々も少なくはないであろう．それらの人々が，日本の自然の風景，伝統的な建築物，茶の湯や生け花などの伝統的文化，日本人の日常生活，治安の良さ，等々に，少しでも関心を持つようになってくれば，その本人ばかりでなく，帰国後，周囲の人々にその見聞したことや体験したことが伝わることで日本の良さがより理解されると思われる．各国の経済発展の度合いにはどうしても好不調の波があるし，為替レートもしばしば変動するので，わが国としては，むしろ，日本の各種の観光魅力を高めて，それを海外に周知させるとともに，外国人が日本を訪れやすいように，航路や航空路の拡充，ビザの発給条件の緩和，そして，民泊の活用等も進めるべきであろう．

　外国人訪日客は近年，急速に増加しており，その結果，その人々の日本国内での消費額も大幅に伸びてきている．外国人訪日客による消費額は，2010年1兆1490億円であったが，翌年の2011年には東日本大震災の影響もあって8135億円に減少した．しかし，2012年にはその消費額は1兆846億円に回復し，2013年には1兆4167億円と2010年を上回り，それ以降，2014年には2兆278億円，2015年には3兆4771億円と急激に増加している．

　2015年の外国人訪日客の消費額を国・地域ごとに見てみると，以下のようになっている．すなわち，最も多いのが中国であり，その消費額は1兆4174億円で外国人訪日客全体の消費額の40.8％を占めている．消費額の第2位は台湾であり，5207億円で全体の15.0％となっており，第3位の韓国が3008億円で8.7％，第4位

の香港が2627億円で7.6％，そして，第5位の米国が1814億円で5.2％となっている．これらの国々に次いで，タイは1201億円で3.5％を占めて6位であり，オーストラリアも870億円で2.5％を占めて7位となっている．

　以上のように，訪日旅行客は順調に増加を続けており，それに伴う彼らの消費額も急速に拡大している．その結果，わが国の旅行収支は，長年にわたって赤字の連続であったが，次第に赤字幅が減少し，2015年には遂に1兆905億円の黒字に転換している．訪日旅行客の増加は，国内消費を通じた国内需要の拡大と同時に国際収支面でもわが国の経済面に大きなプラスの効果をもたらしている．

　他方で，日本の国民1人当たりの国内での宿泊を伴う観光旅行は，2015年には平均して1.4回であり，前年より9.8％増えており，また，国内での宿泊数は，国民1人当たり2.3泊で前年に比べて12.3％の増加となっている．また，2015年に国内の宿泊旅行に出かけた人は，3億1673万人であり，前年に比べて6.5％増加している．その増加の要因としては，3月に開業した北陸新幹線の効果が大きく，また，前年の2014年4月の消費税の引き上げによる宿泊客の落ち込みの反動がその要因となっていると考えられる．他方で，国内での日帰り旅行者数は2億9705万人であり，前年に比べて0.3％だけ減少している．そして，国内の旅行による消費額は，2015年では，20兆7000億円であり，前年度に比べて11.7％増加している．

2-2　観光収入と経済

　わが国の国際観光収入は，2015年には255億ドルであった．前年の2014年では189億ドルで世界の17位であったから，世界での順位は少し上昇していると見られている．しかし，その収入額は，米国に比べると約7分の1に過ぎず，また，スペインの約4割，中国やフランスの約4割5分，イギリス，イタリア，ドイツ各国の約5割5分程度であり，さらに，タイ，オーストラリア，トルコ等の収入額よりも少ない状況である[6]．

　先述のように，外国人訪日客の6割強は中国，韓国，台湾から来ており，また，それを含めてアジアからの訪日客は約8割を占めている．その要因としては，地理的に近いということ，したがって，交通費も比較的に安価であることが第一に考えられる．しかし，訪日客がアジアにだけ偏っている状況では，外国人訪日客の総数を大幅に増加させるのはかなり困難であるといえよう．アジアだけでなく，ヨーロッパやアメリカなど，より遠い地域からもわが国に人々を呼び寄せられるように，種々の工夫をし，具体的な方策を考え，実行していくことが必要となっ

てくる．

　たとえ日本から遠い地域・国々からでもわが国を訪れたい人々を増やすためには，外国人から見た日本の魅力をより一層高めていくことが重要であろう．そのためには，外国人がわが国の文化遺産，自然遺産，映画・音楽・アニメ等を含む文化，電気製品，都市，等々，のどれに対して，どの程度の魅力を感じているのかを調査し，その評価の低い項目については積極的に改善し，他方で，評価の高い項目についてはより洗練させて，高額の費用をかけてでも日本に来る価値があることを世界に周知させていくことが大切だと思われる．

　自然環境や景観については，国立公園などでの整備・保護に努めるとともに，それらへのアクセスを容易にして訪れやすい環境を整備することが重要であろう．また，社寺仏閣や史跡その他の観光対象についても，その保護・保全を行うとともに，その公開を日数その他の面で積極的に行う必要があると思われる．さらに，日本国内で訪日観光客がより自由に安心して行動できるように，駅や観光地周辺で外国語の表示版をもっと拡充したり，Wi-Fi の普及を図るなどのインターネット環境の一層の整備を行ったりして，訪日客の利便性を図るべきであろう．このようにして，多様な面から外国人訪日客の満足度を高めることが，やがてその評判を通じて他の訪日客を増やしたり，再度，わが国を訪れたい人々を増やしたりすることに繋がると考えられる．

　また，そのような満足度を高めるうえで，わが国の観光関連産業のあり方が大きな課題となってくると思われる．すなわち，宿泊業者や旅行業者等が観光客のそれぞれ異なる多様なニーズに適切に対応できているかどうかが，顧客の満足度に大きな影響を与えていると考えられる．国の内外を問わず，費用は高くなっても豪華な旅行を楽しみたい顧客もいれば，比較的に安価に観光地めぐりをしたい人々もいるであろう．そのような個々の観光客に対して，旅行業者であれば適切な宿泊施設や交通手段を紹介し，宿泊施設であれば適切な料金とサービスの部屋を準備する，といったような様々な工夫をして行くことが必要であろう．

　近年では，世界的に人口の高齢化が進行している．とりわけ，わが国では高齢化が急速に進んでおり，65歳以上の人口は3461万人で日本の総人口の27.3％を占めるようになっており，また，70歳以上は2437万人で総人口の19.2％となっている[7]．高齢者の増加が観光客の減少に繋がるのではないかという危惧も一部に指摘されているが，長年働いて退職金を受け取り，年金を支給されている人々の増加は，ある意味で，新たな観光市場の創造に繋がるものと考えられる．たとえば，海外旅行の場合，少し日数が増え，経費が増えてもゆっくりと楽しみながら観光

をしたいという高齢者が少なくないと思われる．また，国内旅行でも，豪華列車や豪華な宿の利用を希望している人々も少なくないといわれる．高齢者は，現役から引退して時間的に余裕がある人々が多いから，その人々にとって魅力のある観光内容を提供することによって，人々の観光需要を一層増加させるチャンスがあると考えられる．ただし，高齢者の場合，長年にわたる収入格差の結果として人々の間の資産格差はかなり大きい．それゆえ，観光関連業者は富裕層をその活動の対象とすることが多い．そのことは確かに利益の拡大のためには有効であろうが，長期的な視野から顧客を増やしていくためには，比較的に安価な費用で何度でも観光ができるというような選択肢も準備することが重要であろう．

　また，わが国では，75歳以上の人口が1699万人で総人口の13.4％を占めており，そして，80歳以上は1045万人で総人口の8.2％となっている[8]．いわゆる団塊の世代が2022年以降，後期高齢者といわれる75歳以上になってくる．従来の統計から見ても，75歳以上になると，人々は急速に何らかの障害を持つことが多くなってくる．他方，それ以前に，何らかの障害を持っている人々も少なくない．そのような人々も，時間と金銭的余裕がある限り，観光に出かけたいという欲求を持っているであろう．世界的に，ノーマライゼーションとそのためのバリアフリー等が各種の分野で進められている．観光の利便性を高めるためにも，空港や駅などの交通施設や宿泊施設，そして，観光施設，観光地などで，障害を持っている人々でもより容易に活動できる環境を整備する必要性がある．

　観光客を増やし，観光関連収入を増加させれば，それは国民経済の成長を後押しする大きな要因となる．外国人訪日客にとっては，ビザの発給や入国審査の簡素化がより気軽に来日できる条件になるかもしれない．ただし，これらは，治安の維持やテロの防止等と密接に関連しているので，単純に簡素化するわけにはいかないであろうが，審査の時間の短縮には工夫する余地があると思われる．また，近年，大都市を中心に宿泊施設の不足が指摘されるようになっている．その対応策を図ることも観光客を増加させるために緊急に必要であろう．宿泊施設の不足状態がしばらく続くようであるならば，そのような観光地への旅行需要はやがて減少してしまうかもしれない．さらに，観光を担う人々，すなわち，旅行社，宿泊施設，交通機関，観光施設で働く人々の観光客に対する対応の適切さも重要である．国の内外を問わず，その対応が観光全体の印象として残ることも少なくない．その対応の適切さは，リピーターを増やすためにも有効であると思われる．

　政府の側でも，わが国の種々の観光魅力を発見し，開発するために様々な取り組みを行ってきている[9]．たとえば，大都市周辺にだけ観光客が集中するのでは

なく，地域の良さも取り入れることによって地方の魅力を訴えるために，広域観光周遊ルートを認定し，受け入れ環境の整備や海外へのPRの面で支援を実施している．また，地方空港へのLCC等の新たな就航を促すために，海外の航空会社に働きかけを行っている．そして，日本国内で鉄道やレンタカーでの観光も推奨している．さらに，海外の旅行番組で影響力のある人々を日本の各地に招待して，その魅力を知らせる番組を制作してもらったり，SNSなどインターネット等を通じて投稿してもらったりする試みを実施している．そこでは，様々な動画の活用も行われている．

他方，わが国には特有の四季があり，それぞれの季節ごとに美しい自然が観覧できることを海外の人々に知らせるために，従来から良く知られている桜の季節ばかりでなく，秋の紅葉や冬の雪景色などを海外の旅行博覧会等で紹介している．また，国際線の着陸料を軽減することによって，国際便の就航を増やしたり，地方空港への就航を促進したりする方策も実施している．先にも述べたように，訪日観光客は，現状では，アジア諸国・地域からが8割強であり，とりわけ，東アジアだけで7割強となっている．アジア諸国はわが国に地理的にも比較的に近く，経済成長によって所得水準も上昇を続けているから，一層の訪日客の増加が見込まれるであろう．

しかし，現状で安心することなく，遠くヨーロッパやアメリカなどからも多くの人々に来日してもらうための方策も，考えていく必要がある．そのために，近年アメリカやヨーロッパ各地で種々の宣伝活動が行われており，テレビ番組やインターネット等も活用されている．さらに，地方自治体等が，地域の物産や観光対象などを海外で積極的に宣伝する活動も次第に行われるようになっている．その場合でも，個々の観光地点だけではなく，十分に魅力のある観光ルートとして紹介していけるようにすることが重要であると思われる．

3．観光と日本経済

3-1　日本経済と観光

わが国の人口は，2016年4月1日現在で，1億2699万1千人となっている．その年齢構成を見てみると，0～14歳が1604万7千人で人口の12.6%を占めており，15～64歳が7760万1千人で60.3%，そして，65歳以上が3434万3千人で27.0%となっている[10]．日本では，2008年以降，人口が減少し始めており，この傾向が続けば，2040年代後半に1億人を割るものと予測されている．そして，上記の人口

構成から推測できるように，2040年代後半には人口の約4割が65歳以上の高齢者で占められることになる．総人口の減少，高齢者の急激な増加，そして，勤労年代層の相対的な減少は，人々の働き方と生活様式・生活水準にかなり大きな変革をもたらすかもしれない．現在の制度や仕組みの下では，労働力とりわけ若年労働力がやがて大幅に不足して生産活動が停滞してしまう恐れが生じるし，他方で，消費活動の面でも，人口の減少による消費の停滞や高齢者の増加に伴う消費内容の変化等が著しくなってくることが考えられる．

他方で，世界の人口は，1900年には約16億人であったが，1950年に約25億人となり，1987年には約50億人，1998年に約60億人となり，2011年には約70億人，そして，2016年では73億人を超えたと推測されている．さらに，世界全体としては，人口が2050年には97億人を超え，2100年には約112億人にもなると予測されている[11]．その中でも，とりわけ，インド，インドネシア，バングラデシュ，フィリピン，ベトナムなど，アジアでの人口増加が著しいといわれている．それらの国々では，経済成長も急速に進んでおり，富裕層に加えて中間層が大幅に増加してきている．

日本国内で人口が減少していけば，1人当たりの消費が大幅に増えない限り，国内の総消費額は減少していくことになる．わが国の国内総生産（GDP）の中で消費は約6割を占めているから，それが伸びなかったり，減少したりすれば，日本経済全体が停滞してしまうかもしれない．しかし，日本人の国内での消費の減少を訪日外国人客の増加によって補っていくことができれば，日本経済の将来に向けての発展の可能性が拡がってくるともいえるであろう．世界の人口は依然として増加を続けており，とりわけ，地理的に近く経済成長率も比較的に高いアジアの人口そして中間層が急激に増えている状況を考慮すれば，その人々に観光客として日本を訪れてもらうことで，国内での消費を増やして，経済成長を持続させていく有力な手段とすることができるであろう．

観光客の増加は，国内消費ばかりでなく，国内の雇用にも大きな効果をもたらすと考えられる．観光産業は，種々の観光施設，宿泊施設，交通機関，土産物関連など様々な産業・企業に関連しており，また，サービス産業として人手を多く必要とする特徴を持っている．それゆえ，観光産業の発展は，雇用の吸収や拡大に大きく貢献するであろう．ただし，観光客数は，季節によっても，また，曜日等によっても，増減の波がかなり見られる．そのために，現状では，必ずしも安定した雇用の場を提供しているとはいえないかもしれない．たとえば，宿泊業では，正規雇用者は約4割にとどまっており，残りは非正規雇用者や臨時雇用者と

なっている．このような状況では，従業員の立場から見れば，安定した職場とはいえないであろう．観光産業・企業の経営においても，季節や曜日等による繁閑の差を埋めるような努力・工夫が求められる．

　観光は，人々が移動し交流するという観点からもとらえることができる[12]．人々は，歴史的にも，移動してその地の環境に適応しながら進化してきた．また，一時的な移動の場合でも，より長期的な移動の場合でも，その移動先で多くの人々との交流を深めることで相互の理解を深めるとともに，自己の視野を拡げてきた．そして，観光は，国際交流ばかりでなく，国内の各地域間の交流においても大きな貢献を果たすと考えられる．国内での交流と相互理解が進めば，その過程で人々は訪れた地域の自然環境や社会環境の良さを発見したり，農産物や水産物等の美味しさを味わったりして地方の魅力を知り，その結果，観光客としてリピーターとなったり，別荘を持って自宅と頻繁に行き来をしたり，場合によっては地方に移り住む人々も出てくるであろう．従来の一方的な都会志向ではなく，観光の発展が，様々な地方の良さを人々に認識させる良い機会ともなる可能性を高めることも考えられる．

　観光は人々の移動によって成り立つものといえるが，人々が移動すればそれに伴って何らかの形で消費が拡大する．人々が移動する際には，列車，バスやタクシー，航空機，船等の運賃，有料道路の料金やガソリン代，等々の交通費が多少の違いはあっても必要であるし，観光地では，観光施設の入場料や拝観料等が掛かる．また，移動の途中で飲み物や食事のための費用も掛かるであろうし，記念品やお土産を買う人々も少なくないであろう．また，宿泊を伴う観光の場合には，宿泊費も掛かる．人々は，観光の際には，いわば非日常の時間や空間で楽しく過ごすために，一般的に，普段よりもやや贅沢な支出をする傾向があるといえよう．さらには，人々は，観光をする前の段階で，旅行ケースや旅行用の衣服，様々な旅行用品，ガイドブック，等々を購入するかもしれない．少人数の友人たちと旅行する場合には，事前に飲食店等で数回，旅行プランの打ち合わせも行われるであろう．このように見ると，観光関連の消費支出はその波及効果が大きく，消費の総額もかなり巨額になると推測されている．

　とりわけ，外国人観光客による消費は，仮にその人々がわが国に来ていなければ外国で消費に回っていたと考えられる経費支出が日本国内で行われることになるから，日本の国民経済にとってはかなり大きな消費拡大効果を生み出すものと考えられる．外国人観光客の増加は，このように国内の消費需要の増加に貢献すると同時に，彼らの日本に対する理解を深め，また，国際交流の端緒となってく

る可能性が大きいであろう.「百聞は一見に如かず」といわれるように,まずは外国人に来日してもらい,日本の観光を通じて,日本の文化や歴史,産業や製品,都市や地方を見聞し,そして,何よりも日本の人々の暮らしや態度に直接に接してもらうことが,わが国への理解を深めるうえで重要であると思われる.このように見ると,観光は,国際交流の観点からも非常に有意義な活動であり,また,国民経済的な観点からも経済効果の大きいものであるといえる.

観光産業を国民経済を活性化させる一つの大きな要因としてとらえる場合,現状では,その位置付けはどのようなものであろうか.外国人観光客が増え,彼らによる観光消費額が増加すれば,それはわが国の国内総生産(GDP)を増大させることになる.観光収入がGDPに占める割合を世界の観光収入の上位25か国について見ると,わが国の場合,直接効果が2.4%であり,直接効果と間接効果を合計しても7.5%にとどまっている[13].ここで,直接効果とは,売り上げから経費を控除したもので,観光客の直接の消費によって生じた付加価値のことであり,間接効果とは,原材料の仕入れ等に伴う消費による効果,従業員の給与から派生する消費の効果,民間投資,政府支出を含むものである.わが国では,観光産業がGDPに占める割合は,他の先進国と比較して,直接効果においても,間接効果との合計においても,低い水準にある.観光客の増加,そして,その関連消費の増加のための有効な対策を図ることは,日本の観光産業の発展のためばかりでなく,日本経済の発展のためにも緊急に必要となってくるであろう.

3-2 観光の魅力と観光政策

観光は,人々が日常生活を離れて普段とは異なる場所を時間をかけて移動し,その見聞や体験を通じて,何らかの楽しみや癒しなどの満足感を得るための活動といえる.人々にそのような楽しみを与えるためには,観光施設や宿泊施設,観光案内,交通機関,等々,で様々な工夫をしていく必要がある.各種の博物館や美術館等においても,ただ所蔵品を陳列するのではなく,季節ごとに展示を変えたり,あるいは,テーマを設定して特別展を開催するケースが増えてきている.また,動物園等においても,単に園内の動物を人々に見せるばかりでなく,動物の生態がよく理解できるように動物の動き回っている姿を見せるような試みも拡がってきている.さらに,遊園地やテーマパークにおいても,既に来たことのある来園者に飽きがこないように,しばしば,イベントの内容を変えたり,施設の改修を行ったりしている.国内の観光施設では,そのような工夫を十分にしている箇所に観光客が集中する傾向がある.

自然や歴史的遺跡については，それらへの交通アクセスや遊歩道を整備することがまず必要であろう．たとえば，富士山や高尾山では，近年，外国人観光客が大幅に増えている．富士山は昔から日本の象徴的存在として知られており，また，高尾山は東京から日帰りできる距離に豊かな自然があることでガイドブックによく紹介されている．そして，これらに共通しているのは，勿論，展望の良さ，自然の植生など山の魅力もあるが，そればかりでなく，共に交通アクセスが便利である点である．富士山の5合目までなら，観光客はバスやタクシーで気軽に行けるし，高尾山には鉄道やケーブルカーで容易に頂上まで行くことができる．それが外国人観光客に人気のある理由といわれている．

　また，自然の景観を維持し，環境を保全していくことも観光の推進のために必要であると思われる．自然環境の維持・保全は，広く国民生活のためにも，地球環境の保持のためにも必要であるが，観光客にとっての魅力を維持するという観点からも戦略的に重要であろう．外国の人々から見て，日本らしい自然や風景が美しく保全されていなければ，日本に来るだけの価値がそれだけ失われてしまうと考えられる．わが国では，台風や地震など自然災害も少なくないから，もし災害が生じた場合には，できるだけ速やかに復旧させることが重要である．そうでなければ，日本への観光を断念したり，既に来日していて落胆したりする人々が出てくることになる．したがって，場合によっては，代わりに，同じ程度に満足させられるような観光コースを紹介できるような準備もしておくことが大切であろう．

　そして，観光の際に災害が発生したケースへの備えも必要であろう．すなわち，見知らぬ場所で台風や地震などの災害に遭遇した場合に，観光客は大いに動揺すると思われる．とりわけ，外国人の観光客にとっては不安と戸惑いが大きいであろう．大混乱に陥ったり，負傷する人々が出たりすれば，折角の観光は悪い思い出となってしまうであろう．そのような緊急事態に備えて，観光施設，宿泊施設，そして，交通機関等では，日頃から，緊急事態への対応策を準備し，従業員等が観光客を良好に避難・誘導できるように訓練を徹底してやっておくことが必要である．そのような準備の徹底が人々に安心感を与え，観光客が気楽に旅行に参加する雰囲気を生むのに有効であると思われる．

　さらに，先にも述べたように，世界中から多くの人々を呼び寄せるためには，ノーマライゼーションという観点に立って，バリアフリーの環境を整備することも重要であろう．それは，勿論，国内の人々にとっても必要である．幸いに，最近では，列車の駅や空港，主要駅付近の道路等で，エレベーターやエスカレータ

一．点字ブロックなどの整備が進んでおり，また，駅や空港で障害者や幼児連れの人々を優先する仕組みが普及してきている．このような施設や仕組みをさらに拡大させ，様々な観光施設や宿泊施設にまで一層，普及させていくことが望まれる．国内外で人口の高齢化が進行しており，高齢化に伴って何らかの障害を持つ人々も増えてくるが，そのような人々があまり困難や負担を感じないような形で観光を楽しめる体制を作り上げて行くべきであろう．そうなれば，国内の観光客ばかりでなく，海外からの観光客からも日本の観光に対して高い評価が得られ，また，観光客の増加にも結び付くと考えられる．

　この他，駅や空港，観光施設等で，外国語表示を拡大することも重要であろう．現在，英語の他に，中国語と韓国語の表記が駅やホテル等でかなり普及している．中国，台湾，香港，韓国からの観光客は圧倒的に多く，英語は英語圏から来る人々ばかりでなく世界の共通語という性格があるから，上記3か国語による表記が多いのは当然といえる．しかし，その他の国々から訪れる人々も少なくないから，ガイドブックや観光施設等においては，より多数の言語による案内が望ましいであろう．また，駅やホテル等はともかく，街中にある表示板や地図には外国語表記は乏しい状況であるから，少なくとも観光地周辺では，それらをより充実させる必要がある．そして，誰もがインターネットを利用しやすい環境を各地で整備・充実させることも，観光客にとって大いに利便性が増すことになると思われる．

　最後に，観光の主要な誘因は，基本的に，観光の対象となる自然や史跡，観光施設，宿泊施設等の魅力である．勿論，そこへ到達するための交通機関，たとえば，新幹線への乗車や高速道路の通行を楽しむ人々もいるであろう．自然や景観，史跡等は人々がそれらを見る価値があると感じられるものであり，そのような状況が維持されていなければならない．遊園地や動物園等は，人々に楽しいと思わせられるような装置と演出が必要であると思われる．また，温泉を売りにしている宿泊施設では，その温泉で人々が疲れを癒せるような環境を整えておかなければならない．そして，他の業界と同様に競争相手も多数存在するから，それらの競争相手に負けないだけの特色を生み出していくことも重要である．観光産業が存続し発展していくためには，既存のものを大事に守り続けたり，踏襲したりするだけではなく，新たな魅力を作り出す努力を常に続けることが重要となってくるであろう．

　わが国では，2006年に「観光立国推進基本法」という法律が制定された．これは，観光の持続的な発展を通じて，国際社会でわが国への理解を深め，国民が日

本の歴史的・文化的価値を再認識するとともに，少子高齢化の状況の下で人々の移動を増やすことによって消費の拡大や地域の活性化を促進し，国民経済全体の発展を促すことを意図したものといえる．そのような観光立国の意義としては，以下の4つの点が指摘される[14]．

　第1に，観光は，少子高齢化時代において経済の活性化の切り札になる，ということである．少子高齢化が進み，総人口が減少していく社会では，そのままでは国内の総需要が次第に減退してしまうから，観光を振興させることによって，交流人口の増加をもたらし，そして，観光消費の増大に起因する国民経済への波及効果を拡大させようとするものである．国内の人々の観光ばかりでなく，外国人の訪日客が増加すれば，旅行に伴う需要が増え，それは，また，観光関連産業を中心に雇用を増やし，最終的に，GDPの増加に寄与することになるであろう．

　第2に，観光は，交流人口を拡大して地域の活性化に貢献する．観光を通じて地方を訪れる人々が多くなれば，地元の人々と来訪者との交流の機会も増えてくるであろう．売れ行きの良い観光土産は何か，どのような観光施設に人気があるか，どの宿泊施設の評判が良いか，等々を地域の人々が調査して，どうすればより多くの人々に訪れてもらえるかを工夫し，来訪者の期待に応えていくことで地域振興を図ることができると思われる．そのような工夫を重ねる過程で地域の人々がしばしば話し合いの機会を持つことで，地域の将来を見据えた発展の在り方を人々が自主的に追及することにも結び付くと思われる．

　第3に，観光立国を通じて，国民が自分たちの国や地域に誇りと自信を取り戻すことである．観光客が訪れるということは，わが国や各地域にそれだけ魅力があるということである．観光の対象としては，自然の景観，史跡や文化財，温泉などの他，世界遺産に登録されたような近代産業遺産も注目されている．わが国には，世界的に評価される各種の観光対象があり，そこに含まれる歴史的価値や文化的価値を，国民が，そして，地域の住民が十分に認識することによって，観光の魅力を再発見し，それらを外部の人々に宣伝することができるであろう．

　第4に，国際観光の推進は，日本のソフトパワーの強化に役立つということである．観光目的で外国人が日本を訪れ，実際の日本の姿を見聞し，様々な機会に日本人と交流することによって，日本の実情をより良く理解できると思われる．世界の人々との平和の下での地道な交流は，国家間の外交関係を補完するものとして重要であり，観光の推進は大いにその助けになると考えられる．このように，国際観光は，外国人に日本，そして，日本人を良く知ってもらう機会を提供する意味でも，国家戦略のうえから見ても有意義なものといえよう．

以上のように，観光は，近年，国の政策的な見地からも重視されるようになってきている．2014年の6月には，「観光立国実現に向けたアクション・プログラム」が制定されている．そこでは，観光立国の実現に向けた主要な6つの施策が提言されている[15]．

　すなわち，第1に，「2020年オリンピック・パラリンピック」を見据えた観光振興であり，第2に，インバウンドの飛躍的拡大に向けた取組であり，第3に，ビザ要件の緩和など訪日旅行の容易化であり，第4に，世界に通用する魅力ある観光地域づくりであり，第5に，外国人旅行者の受け入れ環境整備であり，そして，第6に，MICEの誘致・開催促進と外国人ビジネス客の取り込みである．

　第1の「2020年オリンピック・パラリンピック」を見据えた観光振興策としては，開催国としての国際的注目度を活かした訪日プロモーションの実施，文化プログラムを活用した日本文化の発信，開催効果の日本全国への波及，コンビニや道の駅，郵便局等を活用した外国人旅行者への情報提供の充実，等がある．

　第2のインバウンド[16]の飛躍的拡大に向けての取り組みでは，日本政府観光局（JNTO）による訪日プロモーションの実施体制の整備，中国や東南アジア，インド，ロシア等への訪日プロモーションの拡大，そして，ファッション，エンタメ，食，流通，IT等の様々な業種による新たな取り組みの創出などが挙げられている．

　第3のビザ要件の緩和など訪日旅行の容易化では，インドネシア向けのビザを免除することや，フィリピン及びベトナム向けのビザを緩和して実質的に免除する措置などがある．また，地方空港を含めて，税関・出入国管理・検疫（Customs, Immigration and Quarantine，略してCIQ）の体制を整備して，訪日観光客がそれらに過度に時間を取られないようにすることも含まれている．

　第4の世界に通用する魅力ある観光地域づくりでは，多様な広域ルートの開発と発信，地域内の周遊観光の仕組みづくり，和食文化の発信や農山漁村での滞在促進，そして，観光振興による被災地の復興支援などが盛り込まれている．

　第5の外国人旅行者の受け入れ環境整備では，外国人観光客に対しては免税品の対象を拡大するとともに，免税店も大幅に増加させること，無料Wi-Fiの整備を促進し，また，多言語での対応を強化すること，ムスリム旅行者への適切な情報提供，そして，災害や病気などへ対応を十分に準備して，安全・安心を確保すること，などが指摘されている．

　そして，第6のMICE[17]の誘致・開催促進と外国人ビジネス客の取り込みでは，MICEに対する取り組みを抜本的に強化すること，信頼できる渡航者を自動化ゲ

ートの対象として出入国を容易にすること，などが検討対象として挙がっている．

　いずれの施策も，外国人の訪日を容易にし，観光客やビジネス客を大幅に増やすという観点からすれば望ましいものであり，早急に具体的な施策として実現されるべきであろう．しかし，たとえば，CIQ 体制を整備して観光客から見て入国手続きが簡素化されるようにする場合でも，地方空港までを含めた要員の拡充が必要であろうし，他方で，安全で安心できる国としての日本の治安が脅かされるようになっては，観光面からも見てもマイナスになると思われる．したがって，政策の実施の際には，提言されている多くの施策について，それぞれの制約条件と実現の可能性を十分に検討し，また，優先順位を付けて具体化していくことが重要であろう．

　また，2016年3月には，今後わが国が目指すべき新たな方策として，「明日の日本を支える観光ビジョン」が政府によって提示された．これは，最近，外国人旅行者が以前の想定以上に増加している状況から，一層，積極的な観光施策を改めて打ち出したものである．観光の振興は，経済全体への大きな波及効果が見込まれており，また，地方の活性化策としてもかなりの効果があると期待されている．この「観光ビジョン」では，次のような5つの目標が設定されている．

　第1に，訪日外国人旅行者数を，従来の2020年に2000万人にするという目標を改定し，2020年にその2倍の4000万人とし，さらに，2030年には6000万人まで伸ばすという新たな目標を設けている．そのためには，外国人旅行者にとっての観光の魅力を高め，それを国内外で宣伝したり，宿泊施設の数や種類を増やしたり，交通機関等の利便性を高めることなどが重要になる．

　第2に，訪日外国人旅行消費額を，2020年には1人当たり20万円まで高めて，その消費総額を8兆円まで増加させ，さらに，2030年には1人当たり25万円まで増やして，その消費総額を15兆円に増加させる．この金額は，2015年の彼らの消費総額の4倍以上である．そのためには，魅力的な周遊ルートを用意するなどして，訪日外国人旅行者の日本での滞在日数を増やしていく必要がある．

　第3に，地方での外国人延べ宿泊者数を，2020年には7000万人泊にまで増やし，さらに，2030年には1億3000万人泊を目指すとしている．それぞれ，2015年の実績の約3倍と5倍強の数字となっている．この目標においては，地方での外国人延べ宿泊者数を，2020年には全体の50%にまで引き上げ，2030年にはさらに60%にまで高めることになっている．これは，観光を地方創生に結び付けていくことを意図したものであるといえる．

　第4に，外国人リピーター数を，2020年には2400万人，そして，2030年には

3600万人にまで増やすことを目指している．この目標数字は，それぞれ，2015年の約2倍と約3倍である．リピーターの数が多くなることは，それだけ，わが国への観光の魅力があり，満足度が高いことを意味する．したがって，リピーターを増やしていくためには，観光地あるいは観光対象の魅力を高めるとともに，訪日客の満足度を高めるような様々な工夫と努力が必要になってくると思われる．

そして，第5に，日本人の国内旅行消費額を，2020年には最近5年間の平均値である約20兆円から21兆円にし，2030年には22兆円とする目標が設定されている．わが国では，国内の観光消費額の8割以上が日本人の国内観光によるものであるから，家族や友人との旅行，企業や団体の旅行など，日本人の国内旅行の水準を高めることも重要である．しかし，わが国の人口は将来的に減少していくと見込まれているから，国内旅行の長期化や旅行回数の増加を促す方策が必要となってくるであろう．

4．観光と地域

4-1　地域経済と観光

近年では，国民経済の発展や地方創生との関連で観光を重視しようとする傾向が強まってきている．わが国では，経済発展の過程で，地方から大都市部へと若年層を中心とした人口移動が続いてきた．それは，産業構造の転換に伴って全産業に占める農林水産業の比率の低下と製造業やサービス産業の比率の上昇に対応するものであったといえる．その結果，長期的に地方の人口は減少を続けており，地場産業は，雇用の面では働き手の確保が難しくなり，また，人口の減少はその製品やサービスの需要を減らしてしまうから，その存続が次第に困難になってきている．

若年層は就職や進学の機会を求めて大都市部に移動することが多いので，地方では，高齢者の比率が高くなってきている．今後は，わが国の総人口は次第に減少すると予測されている．そうなると，地方ばかりでなく，大都市部においても，人口増加が停滞し，やがて減少に転じると思われる．人口の減少と高齢化の進行は，国民経済に大きな影響を与えるであろう．需要面から見れば，1人当たり消費が大幅に伸び続け，輸出の拡大が続かない限り，国民総生産（GDP）はやがて減少することになるかもしれない．他方，生産面から見ても，わが国の出生率は低水準にとどまっているので，将来的には，労働力の不足が生じるであろう．

わが国の企業は，従来から，低い賃金コスト，低い法人実効税率を求めて，そ

して，海外からの輸入規制等を逃れるために，海外に工場や事業所を移転する動きを加速させている．その結果，いわゆる産業の空洞化という現象が生じてきている．その背景には，将来的には若年労働力が不足するという見通しも影響していると思われる．このような趨勢が止まらなければ，国内では雇用が減少してしまうことになる．それは，国民経済全体にとっては経済成長を妨げる要因になるかもしれない．とりわけ，地方経済においては，雇用の場が急激に減少したり，全く無くなったりするケースも想定される．

産業の空洞化や大都市部への雇用の集中が進んでいけば，地方では，人口がさらに流出してしまうであろう．そうなれば，地場産業は，労働力の確保という雇用面とその製品・サービスへの需要面という両面から困難に直面して経営が成り立たなくなってしまうかもしれない．そして，地場産業の退場や地域人口の減少は，地域経済を衰退させる恐れがある．地域経済を維持し，人々がそこに定着して安心して生活できるようにするためには，このような状況を打開する工夫と方策が必要になってくる．

そのための方策の一つとして，近年，注目されてきたのが，観光産業である．地方の各地において，新たな観光資源を見出したり，作り上げたりすることによって，地方に国内外から多数の人々を呼び寄せる．そのことを通じて，地域における消費を増加させ，また，雇用の増加に結び付けられれば，地域経済を活性化させることができる．観光産業は，それに関連する分野が多岐にわたるから，その経済的な波及効果はかなり大きくなると考えられている．

わが国で，旅行消費が国民経済に及ぼす経済効果を見てみると，その波及効果がかなりの大きさになると推測されている．観光庁の「旅行・観光産業の経済効果に関する調査・研究」は，旅行・観光消費が様々な産業に及ぼす生産波及効果や雇用誘発効果を推計している[18]．

2014年の国内における旅行消費額は約22兆6000億円であった．その内訳を見ると，運輸業が5兆8700億円で最も多く，次いで，宿泊業が3兆6200億円，飲食店業が2兆6500億円，食料品産業が1兆7000億円，旅行サービス業等が1兆6100億円，小売業が1兆2600億円，そして，農林水産業が2200億円であった．さらに，それらの消費額が産業全体に及ぼす最終的な波及効果は，約47兆円にまで拡大している．すなわち，生産波及効果は，最終的に，運輸業では7兆4600億円，宿泊業は3兆7300億円，飲食店業は2兆9600億円，食料品産業が3兆6200億円，旅行サービス業等が2兆100億円，小売業が2兆1500億円，そして，農林水産業が1兆900億円であった．産業全体では，旅行消費額の2倍以上の生産波及効果が国

民経済にもたらされたことになる．

　また，この旅行消費額は，各産業の雇用面にも大きな影響を与えている．各産業で売り上げが伸びた結果，それぞれ，生産を拡大する必要が生じ，そのために新たに従業員の雇用を増やすことになる．2014年の旅行消費額約22兆6000億円は，約397万人の雇用を生み出したと推定される．すなわち，運輸業では39万6000人，宿泊業では37万3000人，飲食店業では62万6000人，食料品産業では19万2000人，旅行サービス産業では18万2000人，小売業では46万4000人，そして，農林水産業では41万8000人の雇用誘発効果があったと見られている．この雇用誘発効果の内訳と生産波及効果の内訳を対照してみると，飲食店業，小売業，そして，農林水産業において，とりわけ，雇用誘発効果が大きくなることがわかる．

　地方では，農林水産業の割合が高く，飲食店業や小売業も少なくないであろうから，観光関連消費が増えてくれば，地域経済に及ぼす影響も大きくなってくると考えられる．観光開発が進み，観光客が増加して来れば，その消費額もかなり増大すると思われる．観光関連の消費が増えれば，その生産波及効果を通じて地場産業の売り上げを拡大するチャンスとなるであろう．また，その過程で，地元での雇用も拡大すると思われる．地域経済を維持し，さらに発展させていくうえで，消費の拡大と雇用の増加は重要な条件となってくるであろう．

　以上のような経済的波及効果を十分に考慮すれば，観光を各地の経済とより結び付けて考える必要があるであろう．自然の風景，各種の史跡や文化財，その他の観光施設ばかりでなく，里山等での生活体験，地域の人々との様々な交流など，新たな観光資源を発見し開発していくことが，今後，重要になってくると思われる．観光を地域経済を発展させるための一つの有力な方策としてとらえ，地元の人々が主導権を発揮して様々な工夫をして行くべきであろう．

　経済学では，国民所得は以下の要素によって決定されると考えている．

$$Y = C + I + G + X - M$$

Yは国民所得，Cは民間消費，Iは民間投資，Gは政府支出，Xは輸出，そして，Mは輸入を表している．$X - M$は純輸出となる．国民所得の水準は，総供給と総需要が等しくなる点で決定される．すなわち，消費，投資，政府支出，そして，輸出のどの項目が伸びても総需要が拡大して，GDPは増加することになる．しかし，近年では，民間消費は停滞気味である．これは，人々が日常生活をしていくうえで必要性の高い製品がかなり普及してきた結果ともいえる．したがって，人々が欲しがる新製品や新種のサービスが登場しない限り，消費は将来的には伸びていかないかもしれない．そして，人口面での少子高齢化は，消費の量的拡大

を抑制する要因ともなるであろう．それゆえ，消費の拡大のためには，新しいサービスや新しい製品を作り出していく必要があると思われる．

　消費以外の項目については，まず，民間の設備投資は，製品やサービスへの需要が増える見通しが立たなければ，企業は設備投資を新たに追加することをためらうであろう．売れ行きの伸びがあまり期待できない製品への設備投資は，企業にとってはリスクが大きくなることになる．逆に，新たに発展が期待できそうな分野や製品であれば，企業は一定のリスクを覚悟して投資を行うであろう．次に，政府支出については，わが国の政府は長年にわたって財政赤字の状況が続いており，累積赤字は1000兆円を超えている．それゆえ，総需要を拡大するために政府支出に多くを期待するのは困難といえよう．また，輸出については，国際的に大幅な自由化の動きが続いている．しかし，わが国の産業・企業が既にかなり外国に進出していることも考慮に入れれば，自由化が必ずしも大幅な輸出の増加に結び付くともいえず，また，輸入の増加もあるから純輸出を拡大することに繋がるかどうかは明確ではない．

　このように見てくると，国民経済の停滞を打開し発展を続けるために，国内で新たな成長分野を見出し，あるいは，作り出すことが重要であることが理解できるであろう．政府が民間と協力して観光立国を推進しようとしているのは，観光産業をその新たな成長の柱として大いに期待しているからであるといえる．人々は，日常生活をしていくうえで必要な製品はある程度まで既に持っているから，むしろ，日常生活を離れて非日常を享受できるような製品やサービスに関心を示すようになってくるのではないだろうか．

　日本銀行の発表によれば，2016年6月末における家計金融資産残高は，1746兆円となっている．その金額は，政府の抱える累積赤字の金額を遥かに上回っている．定年退職をして退職金を受け取り，年金生活をしている高齢者が，家計金融資産の4分の3を占めているともいわれている．いわば，わが国では，ある程度生活にゆとりのある高齢者層が出現している．他の年代層にしても，一般に，生活水準の向上に伴って，人々は，それ以上働いてより多くの金銭を求めるよりも，余暇を楽しむ傾向が強くなってくるといわれる．確かに，近年，各種の趣味やスポーツ，ボランティア活動等が盛んになってきている．それらの人々に観光の魅力をより大幅に宣伝することで，観光産業を発展させる余地が大いにあると思われる．

　それに加えて，外国からの観光客を増加させることができれば，それは，旅行収支の改善に繋がってくる．そのことは，いわば，輸出の増加と同様の効果を生

み出すことになる．また，外国人訪日客が国内で様々な観光に参加して，観光施設の入場料，宿泊費，交通費，飲食費，お土産代，等々に支出をすれば，国内の消費は，その直接的な支払額分ばかりでなく，間接的な波及効果が働いて，大幅に増加することになる．それゆえ，外国人訪日客の増加を推進することは，経済成長を促進するためにも大いに役立つということができる．観光は，その関連する分野が非常に広い産業であるから，国民経済的観点から見ても，観光産業の発展は，わが国の経済成長に大きな貢献をなすものとして期待できる．

ところで，人々が現在よりも観光を盛んに行うようになり，また，外国からの観光客が増加してきても，依然として，課題は残されるであろう．すなわち，日本国内で国内外の観光客が全体として増加してきても，それらの人々が特定の観光地に集中してしまうことも考えられる．観光客が多数集中する地域では，確かにその経済効果はかなり大きくなるであろう．観光資源に恵まれた地域では，観光施設や宿泊施設，交通機関等の売り上げが増加し，それらの施設に製品や材料，燃料等を提供している産業・企業の販売額も増えてくる．また，それらの企業では，従業員の雇用も増えてくるであろう．したがって，そのような観光施設，宿泊施設，観光対象のある地域では，地域の経済活動が活発になり，地元の人々の生活は安定することになる．

しかし，他方で，観光資源に乏しい地域の人々は，観光による恩恵を受けることは難しい．勿論，近隣の観光地や都市部の企業等と安定的な取引を行っている企業の場合には，それなりの売り上げの増加を期待できる．長期的な経済発展の過程においても，急速に成長する地域もあれば，衰退していく地域も生じてきた．観光を地域経済の発展や地域起こしと結び付けるのであれば，観光振興の経済的成果が特定の観光地のみに偏在するような事態は必ずしも望ましくはないであろう．観光資源としては，自然や史跡，文化財，等々の伝統的な観光資源や，各種のレジャーランドのように比較的新たに作られたものもある．そして，最近では，以前には観光の対象という認識が薄かったが，農業，林業の場での体験や，牧場や村，里山等での生活なども広く観光の対象となってきている．したがって，観光資源がないと思われている地域でも，改めて地元を見直すことによって，新たな観光の対象を作り出せる可能性もあると思われる．また，その際には，近隣の地域と連携して，地域間を移動したり，周遊したりしながら余暇を楽しめるような方策も有効であろう．

4-2 観光と地域振興

　わが国のそれぞれの地域には，自然と景観，歴史的遺跡や文化財，様々な伝統文化，祭りやイベント，等々，の豊かな観光資源があると思われる．また，博物館や美術館，近代産業遺産等も存在する．さらに，動物園や遊園地，テーマパーク等の観光施設も数多くある．それらの観光資源を整備・拡充したり，新たな観光資源を創出したりすることができれば，そのような地域へは外部から多くの人々が集まってくるであろう．外部から来た多くの人々が，観光施設の入場料を支払い，飲食をし，また，宿泊をすれば，地元では，かなりの経済波及効果が出てくることが予想される．その効果は，運輸業，宿泊業，飲食店業等に直接的な売り上げ増の効果を与えるばかりでなく，先に見たように，その関連産業への生産波及効果や雇用誘発効果は，かなり大きなものとなってくる．

　観光を通じて地域を訪れる人々が増加すれば，その地域では，観光施設を始めとしてその関連産業に新たな雇用が生じてくる．従来，都市部に新しい産業が集中し，地方の人々は就業機会を求めてそこへ移住して行った．その結果，地方では，定住人口が次第に減少してきており，また，需要の減少と雇用の困難から，地場産業が衰退したところも少なくない．しかし，観光地として外部から多くの人々が日常的に訪れるようになれば，その地元での雇用も着実に増えてくる．それは，定住人口の減少の歯止めとなる可能性があるし，場合によっては，外部から観光施設等に職場を求めてきた人々がその地に定着して定住人口の増加に結び付くかもしれない．

　観光客が増えてくれば，その地域において各種の消費需要が増加するから，地元企業が売り上げを増やしたり，また，新たな起業のチャンスが生まれたりすることが考えられる．新たな起業のチャンスが広く知れわたるようになれば，その地域外から，新たなビジネス・チャンスを求めて，お土産用の装飾品，菓子や食品，等の制作・製造と販売，ペンションなどの宿泊施設，喫茶店やレストラン，等々の分野で新規に進出する人々も出てくる．そして，その人々の少なくとも一部は，その地域に居住するようになるであろう．したがって，観光客の増加は，その直接的な消費を超えて，その地域の経済活動を活発にするばかりでなく，その地域に新たに住む人々を増やす効果をも持っているといえよう．

　観光は，人々が日常的に生活をする場を離れて移動し，その非日常の時間と空間において何らかの楽しみを見出したり，体験したりするという性質を持っていると考えられる．人々は，観光をすることで心を癒されたり，新たな刺激を得たりする．そのことは，観光客の側だけではなく，観光客を受け入れる側にも当て

はまるといえよう．観光客を受け入れる人々は，観光客が満足する商品やサービスを提供することができる度合いが大きいほど，売り上げを伸ばしたり，また，リピーターを増やしたりできるであろう．それゆえ，彼らは，観光客のニーズを正確に把握してそれに応えようとする．その過程で，いわゆる「おもてなし」の心も働くであろう．そこに，観光で訪れる人々と地域の人々の間に，濃淡の差はあれ，何らかの交流が生まれると思われる．地域の人々は，その種の人的交流から何らかの刺激を受けて，自分たちの地域の在り方を考え，地域振興の一助とすることができるであろう．

　観光資源の開発に際しては，まず，地域の人々が主体となってその地域に特有の魅力を見出し，あるいは，作り出していくことが重要である．地元にある自然環境や文化遺産，お祭り等を如何に観光に結び付けられるか，どのようにして観光の魅力として活かしていくかを構想する必要がある．既に存在し，有名な観光地として知られているものと比較して，何らかの特異性が打ち出せれば，それを宣伝することで観光客を呼び寄せられる可能性が高くなってくるであろう．たとえば，グリーンツーリズムやエコツーリズムを企画するとすれば，地元で農業や林業等を営んでいる人々や地域住民と協力して観光客を受け入れる体制が必要となる[19]．グリーンツーリズムは，いわば，食と農を活かした観光であり，農村の振興と関連させて観光を推進することができる．

　また，エコツーリズムは，自然環境の保全と地域振興を両立させる形で観光を実施し，観光客を自然保護の協力者として，そこから得られた資金を地元の自然環境の保全に還元する仕組みとなっている．したがって，観光客の増加が自然環境を悪化させることは無くなり，むしろ，自然保護と地域振興に役立つと考えられる．エコツーリズムは，近年，環境問題への関心が高まるのにつれて注目されるようになっている．それは，人々が実際に自然の中に入り込み，自然と触れ合う中で，自然環境の保全の重要性を感じてもらう活動ともいえる．このように見れば，エコツーリズムは，自然環境への配慮を促しながら環境教育を行い，観光振興，そして，地域振興にも貢献している．

　その他，観光資源が乏しいと見られていた地域でも，発想の転換や構想力を駆使することによって新たな観光資源を発見したり，開発したりできる余地はあると思われる．たとえば，農業地域では，農地の一部で田植えや畑作の体験が定期的に行われているケースがある．また，果樹に投資してもらい，その収穫の時期に招待する試みもある．ただし，それだけでは，なかなか観光には結び付かない．2～3日あるいは1週間程度その地域に滞在してもらい，その周辺の美しい自然

や景観を巡ったり，近辺の観光施設を訪れたり，あるいは，温泉で保養したりできるように，近隣の地域と連携して観光ルートを設計することも重要であると思われる．

最近では，観光の新たな魅力づくりの一環として，テーマやストーリーを持たせた観光地や観光ルートが注目されるようになっている．たとえば，大河ドラマの舞台やアニメやゲームの設定地では，外部から人々が集まってくる傾向が強い．これらには，どの程度まで長続きするかという問題もあるが，その傾向は無視できない．種々の史跡や文化財についても，歴史や文化等の観点から系統的にテーマやストーリーを構成し，そのテーマやストーリーに沿った観光ルートを提供することも，観光客の誘致に効果的な方策と思われる．

また，わが国には，世界遺産に登録されるような各種の近代産業遺産の他に，下水道，砂防設備，ダム，橋など，歴史的に，そして，土木技術の成果として誇れるインフラストラクチュアが多数，存在している．それらを巡る観光ルートを開発することも考慮に値するであろう．そして，わが国では，2020年に東京オリンピック・パラリンピックを控えている．スポーツは，オリンピックやワールドカップのように観戦に訪れる人々が多数であるものから，マラソンやバイアスロン，登山などのように多数の人々が自ら参加するものまで裾野が広い．これらを観光ツアーに組み込むことで，より多くの人々を観光に参加させることができるであろう．たとえば，マラソン大会は各地で実施されており，参加者も多く，また，応援の人々も少なくない．その意味で，スポーツ大会の開催も，地域振興の一環となり得るであろう．

地域の振興策として観光を考える場合には，地域の多くの人々が参加することによって，何を観光の対象として売り出し，地域の人々がその観光においてどのような役割を担えるのか，そして，観光による利益が何処にどのように配分されるのかを十分に検討する必要があると思われる．地域の自然環境や文化財，伝統文化等を活用するとともに，地元の産業がより活性化するような仕組みを作り上げるべきであろう．地域の現状を最も良く知っているのは地元の人々であるから，その人々のニーズを採り入れながら，観光の開発を行うことが重要である．そのような観光であれば，地元の人々は，観光の推進に積極的に協力し，観光客を温かく迎えることができるであろう．このように，観光の開発とその推進の際には，何らかの形で地元の人々の主導権を反映させることが，観光地として長続きするための必要条件といえよう．

また，観光の開発と推進のためには，地域全体としての取り組みが重要となる

であろう．すなわち，地元の自治体，商工会などの経済団体，そして，観光関連団体等が協力して推進する体制を整える必要がある．たとえば，自治体は，観光ルートの道路や公園，トイレ等を整備する必要が出てくるであろう．また，お祭りやイベントの場合であれば，消防や警察，商工会，ボランティア団体等の協力が不可欠となってくる．それらに掛かる時間と金銭的負担は決して小さいものではないと考えられるが，その観光を推進することが地域の産業・企業等を発展させ地域振興に貢献するならば，地域の人々は納得して観光振興に協力すると思われる．

第2章 注
1）国土交通省観光庁『観光白書（平成28年版）』昭和情報プロセス（株），2016年．
2）岡本伸之編『観光学入門』pp.12-13，（株）有斐閣，2016年．
3）以下，統計数値は，『観光白書（平成28年版）』より．
4）イギリス，フランス，ドイツ，イタリア，スペインの5か国．ちなみに，イギリスは26万人で1.3％，フランスは21万人で1.1％，ドイツは16万人で0.8％，スペインは8万人で0.4％となっている．
5）『観光白書（平成28年版）』p.13．
6）『観光白書（平成28年版）』p.52．
7）2016年9月15日現在．総務省．
8）同上．
9）『観光白書』pp.108-109．
10）総務省統計局のホームページより．
11）国連人口基金（UNFPA）等による予測より．
12）寺島実郎『新・観光立国論』序章4，NHK出版，2015年．
13）『観光白書』p.53．
14）早稲田大学商学部監修，長谷川恵一編，『観光立国日本への提言』，（株）成文堂，2016年，pp.3-5．
15）前掲書．pp.9-11．
16）観光では，日本に来る人，あるいは，日本に来る行為を指す．逆に，日本人が外国に行く場合は，アウトバウンドという．
17）MICEとは，企業の会議（Meeting），企業の報奨・研修旅行（Incentive），国際会議（Convention），そして，展示会・イベント（Exhibition/Event）の略称である．
18）『観光白書』pp.252-253，資料44，45，46より．
19）山下晋司編『観光学キーワード』第6章，（株）有斐閣，2011年．

参考文献
岡本伸之編，『観光学入門』2016年，有斐閣．
岸真澄・島和俊・浅野清彦・立原繁，『ソーシャル・ビジネスのイノベーション』2014年，同文館出版（株）．
国土交通省 観光庁，『観光白書（平成28年版）』2016年，昭和情報プロセス（株）．
寺島実郎，（一財）日本総合研究所『新・観光立国論』2015年，NHK出版．
中尾清，浦達雄編，『観光学入門』2006年，晃洋書房．

中崎茂,『観光の経済学入門』2006年,古今書院.
堀川紀年,『日本を変える観光力―知己再生への道を探る』2007年,(株)昭和堂.
安田亘宏,『観光サービス論』2015年,古今書院.
山口一美編著,『はじめての観光魅力学』2011年,創成社.
山下晋司編,『観光学キーワード』2011年,(株)有斐閣.
早稲田大学商学部監修,長谷川恵一編,『観光立国日本への提言』(株)成文堂.

第3章　サービス・マネジメント

1．企業とその経営戦略

1-1　企業行動

　企業は必要な生産に必要な原料や材料を市場から調達し，それを消費者等のニーズに合致したものに変えて製品市場に出す．つまり，付加価値を生み出しこれをあわせて消費者に提供することになる．付加価値とは何らかの加工を施してモノやサービスの価値を増やすことを意味する．航空会社で考えると，ファーストクラスやビジネスクラスのサービスはエコノミークラスより高度化されており，高付加価値であるといえる．その高付加価値である分，エコノミークラスよりも高価格が設定されているというわけである．

　サービスやモノを生産するためには原料や材料を入手しなければならない．入手する場所を原材料市場という．ここでは原材料供給業者から企業が原材料を購入することになる．航空会社であれば機材をボーイング社やエアバス社から購入することになる．この航空機市場という原材料市場で，ボーイング社やエアバス社のような航空機メーカーはJALやANAのような航空会社を相手に売り込みをはかる．この場合，航空機メーカーと航空会社の間で原材料市場が形成されることになる．

　企業活動を続けていくためには，お金が必要である．そのお金は企業の外から調達しなければならない．いわゆる金融市場から資金の調達をすることになる．大きく分けて直接金融と間接金融の二つになる．直接金融とは自社の株式や社債を証券市場で販売することにより，我々購買者から「直接」資金を得ることだ．これに対し，間接金融とは銀行に我々が預金しているお金が銀行を介して「間接」的に貸し出されることになる．

　どちらが良い方法であるとか，どちらが進んでいるとは一概にはいえない．一般に合衆国では直接金融，日本では間接金融が多く，ドイツはその中間であるといわれる．東京証券取引所へ学生と一緒に見学に行ったことがある．職員の方の解説もあり，なかなか勉強になるところだ．そのお話のなかで「アメリカは進んでいるから直接金融が企業の資金調達のメインとなっている．日本はまだまだ間接金融中心だが，これから経済が高度化すればアメリカと同様に直接金融中心となる」といわれる．10年以上前のことなので，おこなわれている説明も今は違う

かもしれないが，当時これを聞いて相当な違和感を覚えたことを記憶している．直接金融の比率が高いからといって，経済が進んでいるわけではない．日本の間接金融比率が高いのは，そのほうが資金調達コストを抑えられるからだ．つまり，株式を時価発行するより，銀行から資金を借りたほうが，安く調達できるのである．日本の場合，これが政策的に誘導されているために間接金融の比率が高いので，経済が遅れているためではない．証券取引所とすれば直接金融が拡大し，取引量が増えることが望ましいことはわかるが，学生向けの説明にはもう少し配慮がほしいと感じるのは私だけなのだろうか．

さて，企業活動を遂行するにはいろいろな人を雇い入れなければならない．航空会社で考えれば，現場の職員として，パイロット，CA，地上職，整備員等多様な職種の人たちが必要である．もちろん本社や支店，営業所で業務に従事するスタッフもいなければなりあない．これらの人々をどこでリクルートしたらよいだろうか．それをおこなう場が労働市場だということになる．労働市場によって労働力の調達がなされるというわけだ．欧米では一般に欠員が生じた場合に経験者を採用するという方法がとられている．このため経験の乏しい若年者は不利となり，ヨーロッパの一部では若年失業率が40％を超えたこともある．この欧米の状況に比べると日本では新規学卒者の採用が主となっているので，かなり異なる様相を呈している．欧米の一般的な労働市場に近いと考えられるのは中途採用だが，新規学卒者の採用に比べるとあくまで補助的な位置づけとなっている．ただ，グローバル化の流れの中で変化していくことは間違いないであろう．

ところで，企業はサービスやモノを販売してはじめて利益を得られるのだから，製品市場が重要である．製品市場で，付加価値を付してサービスやモノを販売し，資金を回収することになる．製品市場を拡げようと様々な取組が行われている．モノについてはとくに高度成長期の後も製品市場の拡大が進んだ．自動車や家電のブランドは世界を席巻したといってよいであろう．工作機械などもドイツと並んで世界的地歩を築いているといっても過言ではない．しかし，サービス業についてはなかなか難しいのが現状です．ヨーロッパなどでは日本のメガバンクの存在感はほとんどないし，JTBのような旅行代理店大手も海外市場での売り上げは数パーセント程度にとどまる．国際化やグローバル化が叫ばれるが，日本の多くの企業が国内市場に依存している．まずは国内市場を優先して製品政策を実施することになれば「ガラパゴス化」は必然なのである．国内市場と海外の特定の市場の双方に製品開発投資を行うことは過大な負担となる．製品市場の拡大は容易ではない．

今まで述べてきた，原材料市場，金融市場，労働市場，製品市場の4つの市場に対しての活動を企業の外部環境に対しての活動という．外部環境は内部環境の対語で，企業が直接に管理できないものをいう．これに対して内部環境とは，いわゆる「社内」であり，直接に企業が管理できるものをさしている．外部環境には法規制や政府の政策，景気の動向，技術水準など4つの市場そのものを巡るいわば大状況が背景にある．ただ，ここではあくまでも4つの市場に限って企業の外部環境ととらえておく．

企業の対市場活動は，企業内における協働によっておこなわれる．そうだとすれば，人々の労働の協調によって4つの対市場活動が担われることになる．もちろん対外的なことばかりではなく，社内活動も協働によることは明らかである．つまり，生産や販売，その他の企業活動も含めて労働市場により調達した人，およびそれによって構成される組織によって協働がおこなわれる，ということだ．組織内協調のあり方として「報連相」といわれることがよくある．報告，連絡，相談をまとめたもので，これをおこなうことによって組織を円滑に動かそうという意図が込められている．他にもいろいろな技法や考え方があるが，企業活動を協働によって円滑に遂行しようとする点で，共通しているといえる．

協働は，しかし野放図におこなわれるわけではない．あくまで経営管理下でおこなわれる．その経営管理活動とは，外部環境に対する活動と内部組織に対する働きかけの両方を管理するというものである．協働による業務の遂行には，経営管理のワクがはめられることになる．

システムとはそれを構成する要素が相互依存しているものをいう．教室における授業はまさにシステムそのもので，学生と教員は相互依存の状況にあるほか，学生同士も相互依存の関係にあるといえる．とくにゼミなどは明確にシステムとしての特徴が現れている．企業組織も同様にとらえることができる．その場合，オープンシステムかクローズドシステムという二分法で考えることが一般的であろう．オープンシステムとは，外部環境との間に相互作用が存在しているシステムであり，クローズドシステムとは，外部環境と遮断された，内部だけで活動をおこなうシステムのことである．企業は，原材料市場，金融市場，労働市場，製品市場の4つの市場に対して活動をおこなっているため，オープンシステムといえる．それぞれの市場で企業との間に相互作用が生じていると考えられるからだ．

そうすると，企業は変化する外部環境に適応しつつ経営されなければならない．外部環境の変化に翻弄されるだけでは適応しているとはいえない．私立大学には建学の精神があるが，企業にもこれに相当する企業理念もしくは経営理念が存在

する．外部環境の変化が激しいとしても，この経営理念に沿った経営が要請される．それを体現するものが経営戦略である．つまり，経営戦略とは激しい環境変化に柔軟に対応する考え方，ということになる．自社がどのようになるべきかという企業の将来の方向，あるいはあり方に一定の指針が示される．これはかなりざっくりとしたものであることが多いが，企業行動を大本で規定するものといえる．当然，企業と外部環境との関わり方として環境適応のパターンが示されることもある．企業においてはさまざまなレベル，社長，部長，課長等により意思決定の指針あるいは決定ルールとして用いられる．

　ようするに経営戦略とは，環境適応のパターン，すなわち企業と外部環境との関わり方をかなりの長期間にわたって示されるものであり，多階層にわたる企業内の人々の意思決定について前提となるものである．この階層に基づいて経営戦略がたてられる．社長もしくは経営層が立案するのが企業戦略といわれるものである．これは企業全体を想定してたてられるので，全社戦略ともいう．

1-2　経営理念

　経営戦略のさらに背景となるのが経営理念である．経営者もしくは企業が表明するその企業の行動方針として非常に広範な内容が含まれる．とくに定式化されているわけではなく，企業の抽象的・理念的な目的などはもちろん，規範や経営者の抱く理想，価値観等の基本的な考え方が含まれる．かつての松下電器（現パナソニック）の「水道方式」などは典型といえるかもしれない．蛇口をひねれば水が出るように全国津々浦々に家電製品を普及させ，生活水準の向上をはかるというものだ．このような経営理念を利害関係者，つまり株主や従業員，消費者等のステークホルダーに知らしめることにより，従業員に対して行動や判断の指針を与えることになる．このため，社是や社訓のかたちで成文化し，触れやすいかたちをとっていることが一般的です．松下幸之助のように大きな功績を残した経営者についてはその言動が社内訓示として取り入れられている．このように経営理念が企業内に定着し，社風や組織文化を形成していくことにもなる．

　経営理念に似ているが，あるべき将来像を企業のトップ・マネジメントが表明したものを経営ビジョンという．現実を可塑的なもの，動かし得るものと考え，既成事実からはかけ離れていたとしても自社の望ましい未来像を提示したものとなっている．経営理念で規定された内容，たとえば経営姿勢やレーゾンデートル（存在意義）に基づいて，一定の時点までに会社がそのようになるべきだと考える状態が示されることになる．自社が目指す中期的なイメージを，投資家や従業

員，社会全体に向けて示したものである．これを経営行動に反映させるための基準が経営行動基準である．経営理念を行動指針として機能するよう具体化したものである．経営理念がその性格上，内容が抽象的で具体的な行動指針となりにくいためである．CI は Corporate Identity の頭文字であるが，経営理念に基づき，企業イメージや行動様式の統一化をはかっていくものである．社名の変更，イメージカラーの策定，ロゴマークの導入などの際に検討される．社外的な効果だけでなく，企業の共通した存在意義を浸透させるという社内的効果もある．

1-3 経営戦略の要素

　企業が活動している領域をドメインという．これを通常，事業領域と訳す．この訳では，現在の状況のみが対象のような感じがするが，そうではない．現在はもちろんのこと，将来の企業の事業領域についてもそのあるべきものを示していくことになる．

　このドメインを設定することによってどのようなことがもたらされるのであろうか．まず，企業の意思決定者たち，社長や役員等の経営者の焦点が絞り込まれる．経営資源は相対的に希少であり，ヒト，モノ，カネを投じる範囲は限定されなければ成果を期待することはできない．事業活動の範囲・領域が限定されれば，経営者の注意が集中され，意思決定の精度を上げることができる．また，事業活動領域が限定されれば，どのような経営資源を蓄積していけばよいのかが明らかとなる．航空会社であれば，機材の選択により，それに合わせた人材育成や施設整備に焦点をあてた経営資源の蓄積がなされることになる．さらに，ドメイン設定により，全社的一体感が生成されやすくなる．企業は多様な職種の人々によって構成されている．業務が異なれば，その担当者間の相互理解は難しいものとなる．部門間対立なども生じる可能性があるが，全社的なドメインの設定が共通基盤となって相互理解が促進され，無用なコンフリクトを避けることができる．

　ドメインは設定の範囲が大きな意味を持つ．設定範囲が狭いと，顧客ニーズと離れてしまうかもしれない．かといって設定が広いと，無意味な競争や資源分散を招く恐れがある．経営資源の賦存状況と戦略的ポジショニングを勘案して，適切なドメイン設定をおこなうことが重要である．ドメインそのものはどのように考えればいいのだろうか．

　ドメインの定義については，一般に物理的定義と機能的定義ということがよくいわれる．まず，物理的定義だが，これは「モノ」を中心にドメインを発想することになる．たとえば，鉄道会社が自社の事業領域を「鉄道による輸送」と定義

する，というようなことである．よく米国のテキストでマーケティング・マイオピア（近視眼）といわれるものだ．「鉄道による輸送」と定義すると，事業活動の範囲が狭くなり，現在の事業領域を超える発想が出にくくなるという説明である．これを機能的定義に転換するとどのようになるだろうか．「コト」あるいは「顧客のニーズ」を中心に発想して転換するということになる．すなわち，鉄道会社が自社の事業領域を「旅客に関わる全てのサービス」と定義しなおすことによって，衰退しつつある鉄道事業から成長領域への進出が容易化すると考えることになる．しかしこれもいいことばかりではない．ドメインが抽象的となり，ターゲットとなる顧客や事業の性格が不明確となることがあるからだ．

機能的定義はドメインの変化を意味している．企業ドメインを狭く規定すれば，選択し得る将来方向が狭く限定されることになる．ドメインは市場環境変化に合わせて変化させる必要があるから，狭く規定すればそのような変化に対応しづらくなる．したがって，ドメインの取り方にはある範囲が想定されることになる．

また，ドメインを変更する場合には，その影響が取引・販売関係を通じて，社外にもおよぶことになる．自社組織内部だけでなく関係のある組織外部とも合意（ドメイン・コンセンサス）を得る必要があるだろう．企業はあくまで外部環境との関わりが正常に継続する限りにおいて存続し得るものだからである．

資源展開を考える場合，経営資源としてのヒト，モノ，カネ，情報に着目することになる．これをどのように展開したら市場シェア，売上，利益などを拡大できるのか，ということである．経営者はこの総体的に希少な社内資源を最も効果的になるよう配分しなければならない．つまり，資源展開とは経営目的を達成するための領域であり，経営資源配分のパターンということになる．

有効な資源配分は競争優位性を築くことにつながる．市場で競争をおこなう限り，競争優位性がなければ競合企業に勝つことはできない．競争優位性とは，企業が領域決定と資源展開パターンを通じて競争者に対して築く独自性のことなのである．では，持続的な競争優位を築くためにはどうしたらよいだろうか．まず考えられるのは模倣困難であることだ．HISが格安航空券を販売し始めた時，明らかにライバル社はすぐに模倣できなかった．それは画期的なビジネス・モデルだったからである．もちろん時間をかけてJTBや近ツリは模倣していった．しかし，一時期の格安航空券市場はHISの独壇場だった．企業が持続的な競争優位性を築く源泉をコア・コンピタンスという．訳せば「中核能力」で，経営資源を組み合わせて，企業の独自性を生み出す組織能力のことである．このコア・コンピタンスについては3つのポイントがある．ひとつは，さまざまな市場へアク

セスする可能性を生み出すことだ．格安航空券はオフ・シーズンの学生を対象として想定されたが，より一般的な市場にもその販路を拡げていった．また，最終製品が特定顧客の利益に重要な貢献をすることも欠かせない．格安航空券の場合，それはやはり学生層ということになるだろう．さらにすでに述べた競合他社による模倣の困難が確保されればコア・コンピタンスは確立したものといえるであろう．

　経済学的に実証されているのは規模の経済だが，白書など役所の刊行物には，範囲の経済がよくあがっている．これは異業種間で相乗効果つまりシナジーが生じるというものだ．シナジーとはどのようなものだろうか．シナジーとは端的にいって，領域決定と資源展開パターンを通じて求める相乗効果，ということになる．領域によって，販売経路，販売組織，販売促進手法などの利用によって生じるものを販売シナジー，既存の生産設備，技術ノウハウなどの利用によって生じるものを生産シナジー，既存の経営管理能力の利用によって生じるものをマネジメント・シナジー，とよんでいる．

　このシナジーが生じることにより，範囲の経済が想定される．範囲の経済とは，企業が複数の事業活動を行うことにより，それぞれの事業を独立しておこなっているときよりも，より経済的な事業運営が可能になるという考え方である．あくまでも仮定にとどまっており，明確に実証されているわけではない．

　たとえば，航空会社によるホテル経営が一つのケースとなる．自社の航空旅客を宿泊客とすることができ，マーケティング・コストの低下が予測されることになる．かつては，エール・フランスがメリディアン系列のホテルを有していたし，JAL，ANA系のホテルもある．しかし，エール・フランスはメリディアンを手放してしまったし，JAL，ANA系ホテルも所有権は航空会社にはなく，運営に参加しているのみである．このことからもわかるようにシナジーが想定できるからといって，それで上手くいく，というほど簡単ではない．また，ホテルが不動産賃貸業を営む場合に宿泊業のノウハウの一部が転用可能であろうことが考えられる．ニューオータニや帝国ホテルのオフィス棟，いま進行中の横浜東急ホテルのオフィスへの建て替え等は該当する事例といってよい．しかし，不動産賃貸にはその道の専門業者が市場に存在しているわけだから，これも容易ではない．帝国ホテルが三井不動産傘下の子会社となっていることがそれを暗示しているかもしれない．

1-4　経営戦略の階層

　戦略は企業の中でどのように展開されるのだろうか．大きく3つの戦略階層が形成されることが一般的である．

　まずは，企業戦略だが，これは社長あるいはCEOといったトップ・マネジメントによって策定されるものである．すでに述べたドメインの規定からはじまる．トップ・マネジメントの戦略とは簡単にいえば，「何（提供するモノあるいはサービス）をどこ（モノあるいはサービスを販売する対象市場）で売るか」ということになる．

　企業戦略は企業の方向性を決定するいわば企業活動の指針たるべきものである．企業の今後を規定する成長戦略やマーケティング戦略が統合されて検討されることになる．つまり，企業の製品（モノ・サービス）と市場の組み合わせによる事業領域に関わる全社戦略の展開を意味する．企業の全活動はここで決定された大枠に従ってなされることになる．

　ここでトップ・マネジメントがおこなうことが経営資源の配分である．ヒト，モノ，カネといわれる経営資源は相対的に希少なものだ．社内の事業部門からあがってくる配算要求にすべて応えるだけの経営資源はないことが常態である．トップは今後の利益の動向や事業分野の成長性を勘案して重点領域とされる部門に経営資源を集中させることが要求される．

　既存事業分野がすでに成熟段階にある場合は，新規事業分野への参入が検討されることになる．どのような事業分野であれ，成長，成熟段階を経て衰退にはいることは避けられない．事業分野により，このサイクルの経過は様々だが，一般に一事業の寿命は30年といわれている．もし企業が一つの事業だけに依存しているようなら，事業の寿命がイコール企業の寿命となってしまう．このような事態を避けるためには，複数事業を持つ必要がある．つまり，新たな市場に参入するかもしくは創出することによって新規事業を立ち上げることになる．新たな市場への参入はおそらく参入障壁を作っている既存企業との競争になるし，いわゆるブルーオーシャン戦略を取り得るような市場はそもそも事業が成り立つのかどうかというようなところから立ち上げるリスクがある．リターン（利益）を得ようとすればそれに見合うリスクがあるのは当然なので，いずれにせよ新規事業への参入はしっかりとした利益計画が並立することが必要である．

　成熟段階にある事業はやがて衰退していく．こうなると，もはや利益ではなく損失が生じるようになり，当該事業分野からの撤退を考えなければならない．しかし，単なる撤退は競合企業を利することになる．自社のシェアが競合企業に占

められることになり，規模の経済により，競合企業に利益が生ずるようになる可能性があるからだ．

したがって撤退にあたってはリサーチを十分におこなったうえ，状況を精査して意思決定することになる．

戦略構成要素として，事業領域（ドメイン），資源展開，そして事業間のシナジーという上で述べた3つがあげられる．トップ・マネジメントはこの3つを統合的に構想することを主要業務としている．

（1）事業戦略

企業戦略の次の階層が事業戦略ということになる．企業は事業の集合体（businessの複数形）であるから，通常複数の事業を抱えている．上位の企業戦略は下位の事業戦略に落とし込まれることになる．ドメインが展開する場こそ事業というわけである．

個々の事業はSBU（戦略事業単位，Strategic Business Unit）として位置づけられる．SBU毎に競争戦略が検討される．SBUそれぞれにおける具体的事業活動をおこなうための戦略を立案することを意味する．各SBUは当該市場において競争優位を築かなければならない．競争優位が築けなければ市場からの撤退を余儀なくされるからである．

したがって，事業戦略の戦略構成要素は資源展開と競争優位であるということになる．資源展開を有効にはかりつつ競争優位の形成をおこなうことが事業戦略の核心をなす活動である．

なお，SBUは本来特定事業を中心として構成される戦略策定のための単位ではあるが，すでに述べたように，この考え方が事業部門に取り入れられることが一般的となっている．

（2）機能戦略

企業戦略は企業全体の，事業戦略は当該事業のいわばトップ・マネジメントに属するものだが，機能戦略は現場の機能（職能ともいいます）についての戦略である．具体的には，購買，生産，営業，研究開発，財務，人事，情報システムなどの各機能（職能）の生産性を高める戦略ということになる．

戦略構成要素は資源展開，および単一機能（職能）内でのシナジーである．それぞれの機能ごとにパフォーマンス（成果）向上の方途を探ることになる．

経営学ではマーケティング戦略もここに部分戦略として位置付けている．マー

ケティング論ではマーケティング戦略は全社戦略ととらえるので，明らかに相違する．マーケティング論でいうマーケティング戦略は経営学では経営戦略に相当することになる．

　自社の現況を把握するための方法の一つとして，SWOT分析がある．企業は市場のなかで競争を勝ち抜かなければ潰れてしまう．「敵を知り，己を知らば百戦百勝危うからず」という中国の故事があるが，自社の現況を認識し，競争相手の他社に対して優位に立つこと，つまり競争優位の確立について考える手掛かりになる．ドメインは現在の事業領域だが，ここで戦略を検討する際にその前提としてSWOT分析が有効となる．なおSWOTとは，Strength, Weakness, Opportunity, Threatの頭文字をあわせたものである．

　自社が直面する外部環境とは市場のことだが，そこには機会（Opportunity）と脅威（Threat）が存在すると想定する．企業はリターンを追求するが，その分だけリスクを負うことになる．これを前提に具体的な機会と脅威を洗い出していく．同様に経営資源等の内部環境については強み（Strength）と弱み（Weakness）をあげていく．

　そのような検討によって，自社のおかれたポジションを客観的にとらえようとすることになる．そこから今後とりうる方途を探っていく．

1-5　経営戦略とその環境
（1）外部環境分析

　自社が直面する外部環境を機会と脅威に分けていくことが外部環境を分析することになる．外部環境には様々なものがあるが，主なものをみていくことにする．

　まず，何といっても経済環境が重要である．経済の規模をあらわすGDP（国内総生産）はもとより，経済成長率が指標として重視される．市場は全般的な経済成長を前提として成長する傾向が強いからである．景気動向も見逃せない．コンドラチェフの波等については理論的に解明されているわけではないが，景気の循環は明らかである．景気の良い時と悪い時では全く異なる戦略がとられることになる．また，消費者の懐具合，つまりどの程度お金が使えるかということも大きな要素である．これは可処分所得といわれる．

　次に人口動態があげられる．市場といってもそれはヒトの集合体なので，当該市場地域の出生率，死亡率，人口規模，世帯構成等は欠かせないデータとなる．とくに近年日本では少子高齢化にともない市場は縮小傾向にあるので，従来にも

まして人口動態の把握は重要となる．

　同じ国内であっても，関東と関西の相違に象徴されるように，社会文化環境は市場に大きく反映する．国内であっても地域的な差異は小さくない．海外であればなおさらだ．文化の違いは様々な要素から生じる．なんといっても宗教の相違が大きい．日本は仏教国とされるが，それはあくまでも日本の歴史的文化的な変容を経た後の日本仏教であり，他の諸国のそれとは大きく異なる．まして宗教が異なれば全く異なる市場が形成されることになる．また民族の相違も大きな違いをもたらす．その構成比はかなりちがうが，ふつうは複族国である．国内であっても民族的相違に対する考慮は不可欠である．言語についても同様だが，言語が相違する場合は，民族が異なることが多いようである．言語ごとの市場セグメント（市場を細分化した一部分）設定が欠かせない．

　技術環境については常に新しい技術の導入可能性が検討される必要がある．標準化されていたり，競合他社が導入しているものについては直ちに導入しなければならない．ITの高度化は日進月歩であり，常に更新が要求される．その他のシステム・デバイス等も進歩しており，巨大技術化していく傾向も明らかである．常に競合他社の開発・導入動向を把握しつつ，先行投資していく経営姿勢が問われている．

　法・政治環境は常に変動しており，これを現場に適用していくことが求められる．立法行為による法規制が最上位になるが，これに準ずる政府規制の内容に抵触しないように運営しなければならない．コンプライアンスが問われる所以である．近年は規制緩和が進行しており，サービス業分野も例外ではない．規制緩和を競争優位確立の動因とすることが期待される．

　自然環境は所与の条件だが，その活用をもって競争力強化につなげたいところである．天然資源の賦存状況や，立地等は統制不可能なので，マーケティング論では差別化要因に入れないが，産業組織論では入れている．学問分野によって方法が異なるので，注意が必要である．

（2）内部環境分析

　内部環境とは自社内のことで統制可能な要因について分析する．自社の経営資源について強みと弱みを識別していくことになる．これと併せて競合他社の強み・弱みも分析することによって，相対的な位置関係を明らかにすることができる．ハード面では，自社の生産能力や技術力などが問題となる．製造設備の規模や研究開発力が他社と比べてどの程度の水準であるかがはかられることになる．

またソフト面では，ノウハウ，スキルなどの要素が比較されることになる．このような検討の結果，自社の相対的劣位が明らかな場合には，外部資源の導入をはかるか，場合によっては撤退が考慮される．

2．組織構造

2-1　機能（職能）別組織

　個々の機能（職能）を単位化した組織のことを機能（職能）別組織という．企業の主要な機能（職能）には，人事，営業，製造，購買，研究開発，経理，財務などがある．名称は企業によって違うことも稀ではないが，企業のそれぞれの部門が機能（職能）の名称で構成されることが一般的である．これを機能（職能）別組織といい，人事部，営業部，製造部，購買部などがある．

　機能ごとに組織を作ることは効率化がはかられ，望ましい方向であると考えられる．しかしいいことばかりではない．何事につけそうだが，機能別組織にも当然問題はある．いわゆるデメリットが生じることがあるのだ．まず，トップの負担が過大になることが挙げられる．大きな組織ほどそうだが，機能部門間の調整が煩雑となる．調整が難航すれば，トップの意思決定が遅れることになる．この意思決定の遅れが，環境変化や顧客ニーズへの対応の遅れにつながる．その結果競合企業に敗れることにもなりかねない．また，機能部門間で垣根ができ，組織内の人事交流が停滞することもあり得る．社内であっても部門横断的な対応や組織内の情報共有が困難となる．これに関連するが，機能部門管理者が担当領域に専門化する結果，全社的なマネジメント能力を持つ人材育成が困難となることもある．ジェネラリストの養成が困難となり，経営層が薄くなる危険が大きくなることがあり得るのである．

2-2　事業部制組織

　事業部とよばれる管理単位を本社のトップ・マネジメントの下に編成することにより，事業部制組織が構築される．特定の製品ごと，あるいは特定の地域ごとに事業部が設定されることになる．事業部があたかも一つの会社のような形をとる．事業部ごとに扱うモノ・サービスが異なり，対象市場が異なったりするので統一した管理はおこなえない．各事業部は投下資本収益率 ROI によって管理されることになる．会計数値により，いわば計器飛行をおこなうことになる．米国においてはこれが企業経営の常態であり，複数の事業が管理会計の技法によって

運営されている．必ずしも事業分野に精通していなくても経営できることになり，高い収益率をもたらす者が良い経営者だということになる．米国の経営層はその企業の事業分野とは直接関係のないロースクールやビジネススクールの出身者が多いことに反映されている．

　事業部にはトップから大幅な権限委譲がなされる．事業部長がその事業についてトップの業務をおこなう．事業部は，モノ・サービス，地域，顧客を基準に編成される．すべて事業部単位で計画・統制がおこなわれる．この事業部単位の利益管理を通じて企業全体の利益向上が目指されることになる．つまり，事業部それぞれがプロフィット・センター，すなわち利益責任単位となるのである．

　日々のルーティン（定型）業務はもちろんのことだが，業務上の意思決定は事業部に委ねられる．いちいち本部の決裁を経ることなく，事業部が独自に経営上の意思決定ができる．このように事業部単位で権限が行使できるので，各事業部はあたかも独立会社のように運営されることになる．事業部は独立しているので，社内であっても事業部間でおこなわれる取引は市場化される．内部振替価格のような制度的措置がとられることもある．

　当然のことではあるが，大幅な権限委譲といってもすべての権限が委譲されるわけではない．長期経営計画および利益計画の決定はあくまでも本社の専権事項である．10年後の経営やどのくらい儲けるか，といったことは個別事業部のなし得るところではない．予算の最終決定なども本社の権限に属する．事業部内の設備投資については基本的に事業部権限内だが，一定金額を超える設備投資については，本社の承認が必要である．事業部の業績評価については，事業部内でも実施されるが，本社が最終的に評価することになる．事業部内の昇進昇格は事業部でおこなうが，事業本部長等の幹部の人事権については本社の権限である．

　事業部制はほとんどの大企業で導入されている．事業部制組織のメリットが広く認められているからにほかならない．なんといってもトップ・マネジメントが業務管理の仕事から解放されることが大きいといえる．この結果トップ・マネジメントの本来業務である戦略的意思決定に時間を多く割けることになる．また業務について本社を介さず事業部内での意思決定が可能になることから，現場の状況に即応できる．事業部内で業務が完結することから，下位管理者のモチベーション・能力の向上が期待できる．このことは現場レベルでの人材育成にとどまらず，全社的な次世代経営者の育成にもつながっていくことにもなる．

2-3 カンパニー制

　事業部制をさらに徹底したものとしてカンパニー制がある．これは，事業部制組織のもつ独立採算主義をさらに徹底させた組織形態で，ほぼ独立した企業に近いものだ．ここでは，バランスシート経営が導入され，投資収益性が重視される．いままでの日本企業の事業部においては，必ずしも事業部内での機能分化が徹底されていなかった．これに対し，カンパニーの機能は十分に分化され，製品開発から販売に至るまでをすべて内部に含むものとなっている．米国企業の形態に近いものと考えてよい．事業規模は事業部より大きいものが想定されており，繰り返しになるが，独立企業体に近いということだ．一事業部門とはいえ，カンパニー制の名称に違わずほぼ企業の体裁を整えたものといえる．

　カンパニー制が導入されるのはなぜだろうか．組織は大規模になればなるほど階層化が進展し，迅速な意思決定が難しくなる．また大規模化に伴う企業内官僚制化の進行によって本来の企業家精神が失われがちとなろう．このような肥大化した組織の弊害を是正するためにカンパニー制を導入し，適正規模を実現することによって組織の活性化がはかろうとする．

　カンパニー制は，事業部制組織が発展したものととらえることができる．しかし，基本的な差異は存在する．まず，構成単位は事業部制においてはプロフィット・センターであるが，カンパニー制においてはインベストメント・センターとなる．これに関連して，資金の管理形態も異なってくる．事業部に対する本社の権限は大きく，相対的に少額の形状投資のみが事業部の権限とされる．対するカンパニーは，大規模投資をも認められる．人事管理についてもカンパニーには広範な権限が与えられ，カンパニー内のあらゆる役員，従業員の人事をおこなうことができる．事業部ではそこまでの人事管理が許されておらず，その人事権は事業部内の中・下級人事に限定されたものとなっている．

　カンパニーは事業部に比べ，相対的に大きな権限を与えられているとはいえ，最終的には本社の意向に従わざるを得ない．本社の全体合理性を満たすために，その意思決定は事業部と同様，制約下におかれることになる．

　ファイナンス機能も付与されているが，部分的なものであり，基本的なファイナンスをおこなうのは本社のファイナンス部門である．カンパニーのプレジデントは本社のファイナンス機能の範囲内で意思決定せざるを得ず，カンパニーの主体性をもったものとはなり難い．

　本社にとってもカンパニーが扱いにくいものに転化する可能性がある．カンパニーの独自性が強くなり，分権化が徹底される結果，本社の統制力が低下するこ

とになる．その結果，事業間の範囲の経済を構想しにくくなり，事業の再編に対する壁を築くことになるかもしれない．

3．マーケティング戦略と環境

3-1　マーケティング戦略

　マーケティング戦略とは，企業の対市場政策全般について対象とするものである．マーケティングは市場創出と既存市場でのシェア獲得を意味するが，米国での起源を考えても後者のための方策であることは明らかである．つまり，既存市場において，他社のシェアを奪うことによって自社シェアを拡大することがその目標となる．

　航空市場は成長しているといわれるが，もしそれが本当であるとしても，既存市場の拡大を意味している．そうだとすれば，既存市場の中で自社シェアを高めていくことがマーケティング戦略発動の目標となる．日本の航空市場が成長市場か否かは別として，その中で自社シェアを伸ばすということは，JALにとってはANAのシェアを切り崩すことであり，逆にANAにとってはJALのシェアを切り崩すことになる．この他社のシェアを奪う体系的方法がマーケティング戦略ということになる．

　マーケティング戦略は4Pといわれる4要素の展開をはかることを意味する．4Pとは，製品戦略Product，価格戦略Price，チャネル戦略Place，販売促進戦略Promotionの4戦略領域の頭文字である．対市場戦略遂行のため，この4領域に相対的に希少な経営資源をどのように配分するかがトップ・マネジメントの仕事である．目標が売り上げか，シェアか，利益かによってその組み方は異なる．戦略目標のあり方によって経営資源の配分と投下を決定し，その目標を達成できるようにはかることに注力することになる．

　マーケティング戦略発動にあたっては，一定の手順をふむ必要がある．これをマーケティング・マネジメント・プロセスという．まずマーケティング環境の分析であるが，これは従来市場調査とよばれてきた．市場の客観的状況を把握するということである．この市場把握を前提として，自社の経営資源を考慮してマーケティング目標を設定する．市場全体を対象とすることはあまりにも過大な資源が必要となるので，市場をいくつかの細片つまり市場セグメントにわけ，目標を達成できそうな市場セグメントを選択する．つまり標的市場の設定である．この標的市場の中で自社製品のポジショニングをおこなう．この市場ポジショニング

によって自社製品と競合他社製品の相対的位置関係を割り出し，優位性を築くためのマーケティング・ミックスを開発していく．マーケティング・ミックスとは4Pの適切な組み合わせをいう．適切な，ということは売り上げか，シェアか，利益のいずれかの目標を達成できること，を意味している．

3-2　マーケティング環境

　マーケティング環境とは，企業の外部環境と内部環境においてどのような強みあるいは機会が存在し，逆に弱みや脅威が存在するのかをつぶさに検討していく必要がある．この外部環境と内部環境の検討・分析により取り得るマーケティング戦略の方向性が明らかとなる．

（1）外部環境分析

　外部環境は大きくマクロ外部環境とミクロ外部環境に分かたれる．ミクロ外部環境は消費者や競合企業など企業が直面する市場を構成する要素からなる．その外側にマクロ外部環境があり，景気動向や人口動態，法環境など市場を取り巻く状況が展開する．

　マクロ外部環境には，経済，人口動態，文化，技術，法・政治，自然等が含まれる．経済環境は具体的にはGDP国内総生産や，経済成長率，景気動向，失業率，可処分所得といったものになる．このマクロ外部環境については既に述べているので，ここでは省略する．

　とくにマーケティングを考える上では直接対象市場に関係するミクロ外部環境が重要である．まず消費者であるが，消費者市場の構造を把握し，その購買行動を分析することが考えられる．対象市場についてその消費者の動態を正確に把握できるか否かは，成果を左右するといっても過言ではない．航空会社はマイレージの蓄積によってロイヤリティの高い顧客を分離し，特定のカード会員とすることにより差別化をはかっている．ホテルも会員化を進めリピーターの増加につなげようとしている．次に競合企業の分析が重要である．日本の航空市場においてはJAL，ANAの二社体制が築かれているが，提供サービスは差別性に乏しい．国土交通省による行政の影響力が大きいこともあって管理された競争ともいえる．厳しい同質的市場においてはほぼ同様の企業行動が観察される．しかしそのような競合下にあっても差別的優位性を追求しなければならないホテルは多数の競合関係がみられるように感じるが，同一市場セグメントにおいては，地域的制約もあり，航空会社同様の少数での競合となっていることが多い．さらに企業を巡る

ステークホルダー（利害関係者）の動向も無視できない．さらに産業状況も重要である．日本の航空市場が実質的に二社で構成されているのに対し，ホテル業界や旅行代理店業界は多数の企業から成っている．しかし後者の業界もその構成は大きく相違している．ホテル業界の大手でも業界の中での絶対的なシェアは大きくないが，旅行代理店業界でのJTBやHIS，近畿日本ツーリストの占める割合は大きい．供給構造や流通構造もそれぞれの業界でかなり相違する．これらのミクロ外部環境について精査し，客観的な把握をおこなうことになる．

　マクロ外部環境およびミクロ外部環境を把握したうえで，自社にとっての機会と脅威を探っていく．マクロ外部環境とミクロ外部環境の把握は市場調査あるいはマーケット・リサーチといえ，市場についての客観的な捉え方を意味する．それでは自社にとって主観的な市場状況はどうなのか．これを検討するためにマーケティング・リサーチをおこなう．マーケット・リサーチはどの企業にとっても前提とされるべきものであるが，それはあくまでも客観的な市場分析にとどまる．自社にとって有利な要素や不利な要素を検討しているわけではない．この自社にとってのメリット，デメリットを明らかにしていく必要がある．これに応えるかたちでマーケティング・リサーチが実施される．

（2）内部資源分析

　ヒト，モノ，カネ，情報の4つがいわゆる経営資源といわれる．この企業内部の経営資源の分析が内部資源分析である．いわゆる経営資源論では，同じ産業において企業によって異なる成果が示されることから，経営資源の用い方が着目されるようになった．その当否はともかく，コントロール可能な経営資源の検討は不可欠である．

　人的資源は企業組織を構成する要素であり，経営者，中間管理職層，各職能担当者の能力，人数等がある．カネについては財務要素の洗い出しが求められる．経営の安定性，ファイナンスの方法，キャッシュフローの水準などが対象となる．観光産業は装置産業ともいわれるが，テーマパークや飛行場，ホテルなどには巨額の資金が固定されている．これら保有資産の価値が，モノつまり物的資源として把握される．以上の3要素については流動性があるといってよい．日本では，労働市場が欧米に比べ流動性に乏しいことが指摘されているが，これとてグローバル化の流れの中で従来よりは緩和されている．カネやモノについての市場調達はとくに大企業にとってさほど難しいことではない．市場から入手可能である．しかし，情報については3要素とは根本的に異なる．独自開発した技術や多年に

わたり構築したチャネルや顧客データベースなどは市場では調達できないからである．これらの独自に築いたものを基盤として形成されるブランドや組織文化にも代替性はない．技術や取引は日々の業務遂行の中で着実に蓄積されていき，差別的優位性を築く前提となる．

3-3　マーケティング目標

　企業行動は目標達成を目指しておこなわれる．主な目標は，利益，売上高，シェアなどの向上であるが，これらは組み合わせで設定されることが多い．たとえばある航空市場でJALがマーケティング目標を設定するとしよう．その市場規模が500億円でマーケット・シェア50％を目指すものとする．そうだとすれば売上高は250億円となる．機材などの製品原価が100億円，マーケティング費用が100億円と仮定すれば，50億円が利益となり，利益率は20％となる．以上のようにシェア，売上，利益など複数の目標が同時に設定されて追求されることになる．

　マーケティング目標は企業もしくは事業部，カンパニーなどの全体を通じた数値目標となる．マーケティングの位置付けは論者あるいは企業によって相違することもあるが，本章では全社的なものとして考えている．

（1）利益額目標・利益率目標

　企業は各機能（職能）別に組織され，それぞれの機能ごとに管理される．生産管理，労務管理，財務管理などである．しかし管理にはもう一つの側面がある．それが利益管理で，これによって各機能は全社的・統合的に管理されることになる．各機能部門においてそれぞれの機能に即した立派な成果を上げたとしても，利益管理に抵触するようでは企業活動として評価に値しない．営利追求体である企業にとっては利益が唯一絶対の尺度として機能している．

　このように重要な利益が目標として設定されることは当然であろう．利益と売上は相反することが多い．売上を拡大しようとすれば低価格化が必要となり，売上の拡大にもかかわらず利益が減少することもある．売上拡大のために低価格化を余儀なくされた場合，それによるコストを見込んだうえで利益額目標が設定される．

　利益額と同様に利益率も重要である．売上高利益率は売上高に対する利益の割合を示し，ROI（資本利益率）は企業が調達した資金に対しての利益の比率を示している．ROIは資金調達にあたっては決定的に重要な数値である．これによって投資家や銀行はその企業を判断し投融資をおこなうからである．

（2）売上高目標

売上高を伸ばすことはもっとも一般的に想定されることであろう．マーケティング目標としても妥当かつ普遍的な指標設定であるといえる．しかし，上で述べたように，あくまでも利益の確保に影響しないことが要件となる．やみくもな売上高の追求によって利益が阻害されるようなことがあっては本末転倒だからである．ただし，規模の経済が見込まれ，一定の売上高確保が大幅なコスト低下をもたらすことが予見されるような場合はこの限りではない．

（3）シェア目標

市場の中で自社製品がどのくらいの割合を占めているかをあらわすのが，シェアである．マーケット・シェアあるいは市場占有率ともいう．規模の経済実現のためには一定のシェアがどうしても必要である．とくに観光市場，とりわけ航空市場のような成熟市場においては，シェアの向上なしに売上高を増やすことはほとんど不可能といってよい．市場の成長を見込めない場合には，他社のシェアを奪い，自社のシェアを拡大することが至上命題となる．この状況はマーケティングが創出されたフロンティア消失以後の19世紀末米国市場の状況と本質的に変わらない．

シェアの向上こそマーケティングがもっとも適合的に機能し得る局面であるといえる．競合他社に対して差別的優位性を築くことにより，競争を勝ち抜きシェア向上をはかることがもとめられる．たとえばポーターの示す競争戦略の中で差別化戦略が適当なのか，それとも低コスト戦略がもとめられているのかを判断したうえでシェア目標が設定されることになる．この際，自社のポジション，つまりリーダーなのかチャレンジャーなのかフォロワーなのかといった，競争上の位置をふまえることがもとめられる．

4．ターゲット・マーケティング

マーケティング目標を達成するためには，市場の選定をおこなうことになる．あらゆる市場を対象とすることは相対的に希少な経営資源から考えれば非現実的であるし，非効率である．小学生向け媒体に航空会社が広告を載せることは無意味ではないが，費用対効果を考えれば妥当とはいえないだろう．そうだとすれば，そのような効果がもっとも期待できる市場を選択することが必要である．そのような部分市場を市場セグメントとよぶ．

かつての高度成長期においては，市場のニーズを極度に単純化し，一つの製品を大量投下するマス・マーケティングがおこなわれた．T型フォードにみられるようなやり方である．専門家がベストのものを提供するのだから，素人たる消費者は選ぶことなくこれを購入するべきだというものである．これはプロダクト・アウトといわれ，ニーズではなくシーズを基盤とするやり方をとるものだ．マーケティングでよくいわれるマーケット・インの対極であり，マーケティング・テキストでは否定されるべきものとして扱われてきた．生産者の意向を反映したプロダクト・アウトから消費者ニーズを満たしたマーケット・インへというすこぶる単純な図式である．こういわれれば否定すべくもないが，それではなぜ今に至るもなおプロダクト・アウトがおこなわれているのだろうか．すでに述べたように規模の経済をはかることによってコストを低下させ利益を拡大できる．できるだけ供給するモノ・サービスを単一化して規模の経済が動くようにしているのである．自動車ではシャーシなど基幹部分は変わらない．変わるのは色やオプションでつける付加的なデバイスである．旅客機でも事情は同様で，座席のレイアウトは2種類ないし3種類から構成されている．LCCでは座席種別は単一であることがほとんどであろう．

　しかし，消費者の価値観，方向性が多様化している現状ではマス・マーケティングがそぐわないことは明らかである．同じモノ・サービスを大量に市場に投入するやり方には限界がある．そこで市場を細分化し，市場セグメント（細分化された市場の一部）の集合体とする．そのような市場セグメントの中で自社の製品（モノ・サービス）に最も適合するものを選択し，標的市場（ターゲット・マーケット）とするのである．選択された標的市場に対してマーケティング方策をおこなっていく．このような方法はターゲット・マーケティングとよばれ，多くの企業が実施している．

　ターゲット・マーケティングは大きく分けて3つの段階からなる．市場細分化，市場ターゲティング，市場ポジショニングの各段階である．

　市場細分化においては，細分化の基準を明確化し，その結果生じる市場セグメントについて検証できるようにする．マーケティング実施後に問題を把握できるようにするためである．

　市場ターゲティングにおいては，標的セグメントの選択をおこなうために，セグメントの評価基準を開発することがもとめられる．なぜそのセグメントが標的に相応しいかということについて合理的な説明ができなければならないからである．

市場細分化の最終段階として市場ポジショニングをおこなう．選択した標的セグメントについてポジショニングをおこなう．これに基づいて標的セグメントのマーケティング・ミックスを設定する．

4-1　市場細分化

　市場細分化は，同質的な消費者のまとまりに分けていく方策である．その際，分けられたセグメントが一定の規模を保持することが必要である．

　細分化された市場，つまり市場セグメントがマーケティング戦略に役立つためには4つの可能性を充足する必要がある．それらは測定可能性，到達可能性，維持可能性，実行可能性である．

　測定可能性とは，対象とする市場セグメントの規模と購買力を測定できる可能性である．簡単に規模と購買力が測れなければ，そのセグメントを評価することが困難となる．

　到達可能性とは，その市場セグメントに有効に到達することができ，マーケティング諸施策を実施できることを意味している．市場セグメント自体は設定がおこなわれたとしても，そこで自社のマーケティング活動ができなければ意味がないためである．

　維持可能性では，継続的に事業維持が可能な市場セグメントであるか否かを考えている．

　利益が得られるだけの規模と継続性が確認されなければマーケティング資源を投下する価値がないと判断される．

　実行可能性では，マーケティング施策としてその市場セグメントを対象とした有効なプログラムの実施ができるか否かが判断される．

　以上の可能性については，かならずしも客観的な判断が可能とは限らない．あくまで現状が前提となるため，可塑的な部分をどのようにみるかという点については主観的な意思決定に委ねられることになるからである．

　企業の資源が相対的に希少である以上，市場を限定していく市場細分化には企業にとってメリットがある．まず，消費者の多様なニーズを市場セグメントに反映し，特定のニーズに適合した製品の供給がはかられる．また，適切なセグメント選択がおこなわれることにより，マーケティングに投下される企業資源が有効活用されることになる．さらに市場環境の変化について，セグメント毎の認識が可能なことから，より柔軟な対応ができるようになる．

　もちろん適切な市場セグメントを設定するためには，費用コストや時間コスト

がかかるが，そのようなコストを上回る便益が設定によりもたらされるはずである．

4-2 市場細分化の基準
(1) 地理的基準（ジオグラフィック変数）
　諸基準のなかでも容易に分けられる基準である．地理的基準では，市場を地理の基準に細分化をおこなう．日本の地域では，地方ごとあるいは島ごとに分けていく．関東と関西では売れ筋が大きく異なることが知られている．さらにそれを細分化し，北関東，南関東というように細分化することもおこなわれる．行政区域単位での設定，つまり47都道府県や，それぞれの市区町村に細分化されることもある．選択されるセグメントは単数あるいは複数となるが，いずれでも設定できる．

　セグメントの選定そのものはターゲティングということになるが，複数地域に同じマーケティング展開をはかること，および異なるマーケティングを展開することもできる．全国展開しているコンビニであっても販売する品目がある地域に特有の商品を販売するようなケースや，同じブランドのホテルであってもシティホテルの欧米風サービスと日本旅館のような高度なサービスを提供することが考えられる．同一のビジネスであってもマーケティング施策を地域ごとに別のかたちで実施することにより，異質な複数のセグメントに対処することもある．地方区分に関連するが，気候区で分けることも考えられる．また，寒暖もしくは乾湿の相違は市場状況を相違させることも明らかであろう．このような地域特性の相違は様々な地理的要素から生じる．人口密度は基本的なデータであるが，マーケティング実施にあたって特に考慮されるのは，所得の高低，学歴・職歴の区分などであるが，これらには地域の特色が強く示され，細分化基準として重要であると考えられる．例えば，都市部は公共輸送手段が整備されているため，自家用車は必ずしも必要ではない．しかし，地方では公共輸送手段に乏しいため，自家用車は不可欠であり，一人に一台必要な場合もある．このため，地域により自家用車に対するニーズが大きく異なるのである．

　グローバル化が進む今日，特に地理的変数は重要である．自然，文化，法規制など地域・国によって大きく異なるからに他ならない．

(2) 人口動態基準（デモグラフィック基準）
　まず，年齢，世帯規模，性別，職業，所得など，アンケートのフェイス・シー

トに該当する変数があげられる．宗教や人種なども人口動態基準となる．中東や中国などの宗教に起因する紛争にみられるように宗教は人口動態上の基本要因である．インバウンドの向上で，多様な宗教上の規制が観光地にも生じている．たとえばイスラム法の下では豚肉を食べることは禁じられているが，豚肉以外の食品でも加工や調理に関して一定の宗教上の作法が要求されている．この作法が遵守された食品がハラールであり，ムスリムを迎えるホテルやレストランでは，提供する料理はハラールでなければならない．

　人口動態基準は消費財マーケティングで多用される基準である．消費者のニーズや欲求は人口動態基準が反映していることが多い．子供や若者対象の広告には，人口動態基準で細分化された市場が想定されている．団塊世代など特定の集団を対象とする基準としても有用である．同世代間では，経験が類似するため価値観も同質化することが多い．世代を軸として人口動態基準が有用である所以である．同じセグメントであるといっても静態的にそういえるだけであって，時間が経過すればニーズが変化するのは当然である．人口動態基準は，職業によるセグメントでも適用される．工場勤務の場合と事務・営業といった職種では業務上必要なものが異なる．工場では作業服が必要であり，事務・営業職の場合はスーツ着用が義務付けられよう．職業によるセグメント設定は有効であることが多い．世帯規模あるいは家族構成によっても異なるセグメントが設定できる．標準的な4人家族と単身者では当然購買行動が異なる．セブンイレブンの設立が企画された当時，4人家族を前提としたマーケット・リサーチは，主婦の購買行動のみを想定し，単身者市場の創出を見込めなかったため，コンビニの将来性をことごとく見誤った．通常の家族以外のセグメントを予測し得ず，その設定を外してしまったためである．

　マーケターは消費者のニーズを見極め，それを充足する製品を供給しなければならない．このマーケット・インを実効あるものとするためには，市場細分化が適切であることが前提となる．その設定基準として人口動態基準は基盤となるものである．

(3) 心理的基準（サイコグラフィック基準）

　心理的基準は，消費者心理やライフスタイルなどにより市場細分化をおこなう．高度大衆消費社会となって久しいが，多様化する個人ニーズは人口動態基準よりも心理的基準によるほうがより適切な市場セグメントを構成できることが多い．人口動態基準によれば同所得帯に属する消費者であっても，高級ブランド志向で

あれば高価格品を求め，機能志向であれば機能水準を満たすものであればその限りで低価格品を求めるかもしれない．つまり，人口動態基準だけで市場セグメントを切り分けることはかならずしも妥当ではない．個人の心理を勘案する心理的基準によるセグメント設定が求められる．

　地理的基準や人口動態基準は基本となるものであり，データさえそろっていれば比較的簡単にセグメントとして切り分けられる．これに対して心理的基準は消費者個人の内面に関わるため，セグメントの切り分けが相対的に困難となる．ハイテク志向か否かといってもそれをストレートにセグメント化することはかなり難しい．画期的な新製品に対して受容するか否かは，対象消費者の価値観によって決定される．このような価値観の相違によってセグメントを切り出し，訴求することになる．新製品に好感を持つ市場セグメントに訴求することができれば新製品の販売につなげることができる．価値観把握の難しさは，消費者個人の対応が製品によっては，価値観が相違することがあるためだ．電子機器については常に最先端のものを求める消費者が住居については古民家志向であることもある．ある消費者が電子機器について革新的なものを求めるとしても，他製品においては極めて守旧的である可能性もある．このように消費者の価値観は複雑なので，セグメント化にあたっては，多面的な検討が必要となる．

（4）行動変数基準

　行動変数は消費者の製品に対する，態度や使用法，反応などに基づいて設定される基準である．使用率やロイヤリティなどが基準とされる．製品に対する消費者の態度は購買状況により大きく相違する．製品使用の経験がある場合とない場合では，当該製品に対しての反応が相違するのである．マーケティングは一般的に，新規顧客を獲得すること，および既存の顧客との関係を維持すること，の二つからなる．新規顧客に対しては製品認知を志向することになり，既存顧客であれば，購買に向けた行動が可能である．使用率では，ライト・ユーザやヘビー・ユーザのように大きく分けることができる．ヘビー・ユーザは満足度が高いことが推測され，現行のマーケティング・プロモーションを続行することになる．ライト・ユーザの場合は認知こそしているものの，製品・サービスへの満足度が低いと考えられる．不満な点によっては製品戦略の変更もあり得るため，マーケティング戦略全体の再検討にも行動変数基準が影響を及ぼすことになる．

4-3 標的市場の設定

　市場細分化を取り上げた基準等によって，市場セグメントに細分化した後は，この市場セグメントの中から標的市場を選択することになる．各市場セグメントについて，対象市場としての要件の充足度合いや，内部資源との適合性などを検討する．検討の結果については正解があるわけではなく，適合する市場セグメントであっても，まったく異なる観点からの経営判断によって，選択された市場セグメントにマーケティング・ミックスが展開されないこともあり得る．対象たり得る市場セグメントを選択した後は，標的市場を設定することになる．標的市場の選定は一様ではなく，複数の方法が考えられる．とくに対象市場セグメントの自社にとっての有用性がポイントとなる．

（1）コトラーによる標的市場選定法

　コトラーは標的市場の設定パターンとして，対象市場セグメントに対応するモノとサービスの投入方法を3つに整理した．すなわち，無差別型，差別型，集中型である．

1. 無差別型

　市場セグメント間の相違を取り上げず，単一の製品，つまり単一のマーケティング・ミックスを，全ての市場セグメントあるいは全体市場に投入する方法である．これは規模の経済を追求する方法で，対象市場規模が大きい．このため大量生産が可能で製品単位についてコスト削減をはかることができる．消費者ニーズの最大公約数に着目することになる．この手法は高度成長期に活用されたいわゆるマス・マーケティングに相当する．

2. 差別型

　ニーズに適合した複数の製品，したがって複数のマーケティング・ミックスを該当する市場セグメントに投入する方法である．セグメントごとに適合したマーケティングを実施することにより，当該セグメントのニーズを充足できる．すべての市場セグメントに対応することでいわゆるフルライン戦略となる．この結果，それぞれの市場セグメントに適した製品供給をおこなうことにより，最大限の売り上げを期待できる．しかし，市場セグメントごとにマーケティング・コストがかかる．また，規模の経済を達成できないという問題が生じる．

3. 集中マーケティング

市場セグメントの中から一つの市場セグメントを選択し，そこにマーケティング資源を集中投入する方法である．経営資源に乏しい場合に選択されることが多い．一つの市場セグメントにのみマーケティング展開し得ることになり，リスクは相対的に大きくなる．

以上についてまとめると，無差別型と集中型においては，マーケティング・ミックスおよび対応セグメントは単数であるが，差別型マーケティングにおいては双方とも複数となる．

無差別型では，規模の経済が機能し，マーケティング・コストが低下する．しかし，製品が単一なので，すべての消費者ニーズに応えることはできない．

差別型は，市場セグメントごとのニーズに応えることになるため，売上は最大化するが，市場セグメントごとに構築されるマーケティング・ミックスのコストがかさむことになる．

集中型では，すべてを単一市場セグメントに対して投入するため，マーケティング資源の有効活用がはかられやすい．この資源の集中投入により，リスク分散が困難となる．

（2）エイベルによる標的市場選定法

D. F. エイベルは標的市場を 5 つに分類している．すなわち，単一セグメント集中型，製品専門型，市場専門型，選択的専門型，全市場浸透型の 5 つである．製品－市場細分化戦略として標的市場と投入する製品の 2 軸構成で分類枠を示している．

1. 単一セグメント集中型

1 つの市場セグメントのみにマーケティング資源を投入するタイプである．コトラーの標的市場選定法における集中マーケティングと基本的には同じとなる．一つの市場セグメントに集中するため，その市場セグメント内では優勢なマーケティングを展開できる．創業期の HIS は格安航空券市場にほぼ特化しており，単一セグメント集中型に近い状態あったといえる．しかしこの場合，格安航空券市場の動向が HIS の企業業績に直接反映することとなる．格安航空券市場が衰退した場合には，HIS 自体が衰退することにつながる．このリスクは大きく，多角化の必然性が理解できる．

2. 製品専門型

　同じ製品を複数の市場セグメントで販売するタイプである．例えば，搭乗券を自社ホームページ，旅行代理店，生協，大学購買部などに販売するケースのように，多様なチャネルや顧客を抱えている場合に該当する．製品に特化しているわけだが，この場合，当該製品の有する商品力が大きいことが要件となる．搭乗券の場合，代理店に支払う手数料が配されたこともあり，ホームページ上の販売比が大きくなっている．ITに限らず技術革新によって変動する部分は考慮に入れなければならない．

3. 市場専門型

　1つの市場セグメントに複数の製品を投入するタイプである．顧客を特定化し，同じ顧客に多様な製品を販売することになる．当該市場セグメント内の顧客ニーズを充足していくような製品群を投入していく．対象顧客からは高いロイヤリティを獲得できる可能性がある．しかし，特定顧客群に過度に依存することとなり，企業業績が顧客の経済事情に左右されてしまうかもしれない．単一市場セグメントに依存している以上，リスクの分散が困難である．

4. 選択的専門型

　複数の市場セグメントを選択するタイプである．選択された市場セグメント相互間に共通性はなく，製品の同質性もない．経営理念，あるいは企業目的に沿った市場と製品が選択される．当然，市場セグメント間の相乗効果は生じない．したがって規模の経済も範囲の経済も機能しないことが常態であるが，市場セグメント，製品がそれぞれ相互に独立しているため，リスク分散がはかれることは明らかである．

5. 全市場浸透型（フルカバレッジ）

　コトラーの無差別型と同様に，全ての市場セグメントにフルラインの製品を供給するタイプである．全市場セグメントに対してフルラインの製品を供給できるのは，大規模なマーケティング資源展開が可能な大企業だけである．市場セグメント間の相違をマーケティングに反映させないという点では，無差別マーケティングと変わらない．もとより，市場セグメント間の相違を基礎として，個別の市場セグメントに合わせたマーケティング展開も想定される．航空会社は，すべての市場を対象としつつも，ファーストクラス，ビジネスクラス，エコノミークラ

スという各市場セグメント対応の座席を用意しているが，最近は国際線にプレミアム・エコノミーという新たな座席により，ビジネスクラスとエコノミークラスの間に新たな市場セグメントを設定し，これに対応したマーケティングを展開している．中間的な市場セグメントに対応するため新たにプレミアム・エコノミーを設定し，市場セグメントのニーズに対応するという戦略である．このような対応により，あらゆる市場セグメントに浸透することが可能となる．

(3) ポジショニング

　ポジショニングとは，標的市場の消費者の認識の中に自社のモノあるいはサービスについて一定のポジションを形成することである．差別的優位性を持つような感覚を持ってもらうための行動となる．消費者に自社製品について差別的優位性のあるポジションを認識してもらい，競合他社製品に対する差別化をはかることになる．そのような認識を持ってもらうためには，マーケティングの基本である消費者の立場で発想することが前提となる．標的市場の消費者が考える購買決定要因を前提に，競合他社製品との差別化の方途を探ることになる．

　ポジショニングをおこなうための前提としてまず考えなければいけないのは，ポジショニングの標的市場規模である．これが適切でなければマーケティング戦略全体に影響する．マーケターの意図するポジショニングが，正確に消費者とコミュニケートできるか否かも重要である．円滑なコミュニケートができなければ，自社製品に有利な認識を得ることはできない．企業レベルのポジショニングと，製品レベルのポジショニングにずれが生じることも問題である．たとえば，コーポレート・ブランドと製品ブランドに齟齬を生じさせてはならない．ポジショニングがマーケティング戦略の中で問題なく位置付けられることが求められる．

　ポジショニングでは，まずマーケット・シェア，つまり当該標的市場での自社製品のポジションを確認したうえで対応するマーケティング戦略を構築することになる．次にマインド・シェア，すなわち当該標的市場で消費者が自社製品に対して有する認識，の確認とこれに対するマーケティング戦略のあり方を検討する．この2つについてリサーチをおこない，結果について分析・評価を実施し，標的市場における自社製品のポジションを確定する．

(4) マーケット・シェア

　ポーターは，マーケット・シェアを考えるにあたって，市場での地位別に企業を4分類している．すなわち，リーダー，チャレンジャー，フォロワー，ニッチ

ャーの4つである．・リーダーは豊富な経営資源を有する業界のリーダーである．フルラインでの対応が可能であり，市場全体が対象となる．旅行代理店であればJTBがあてはまる．リーダーの地位をうかがうのがチャレンジャーである．リーダーとは差別化したうえで，リーダー同様市場全体を対象とする．HISがチャレンジャーに該当するが，HISの成長に伴い，JTBとの差異性は相対的に小さくなってきている．フォロワーもリーダーあるいはチャレンジャー同様に市場全体を対象とするが，経営資源に制約が大きいため成果も限定されたものとなりがちである．日本旅行や東武観光（旧東急観光）などが相当する．最後はニッチャーであるが，多数存在する中小零細の旅行代理店のような企業である．フォロワーに比べてもさらに経営資源がポジショニング制約されるため，市場全体への対応はできない．したがって特定の市場セグメントに経営資源を集中することになる．この資源集中により，特定市場セグメントの大きな部分を掌握する方向で事業展開をはかる．

　上のような市場地位において発動する戦略について，ポーターは3つに集約して説いている．ポーター競争論のなかでも白眉とされる部分である．まず，コスト・リーダー戦略であるが，標的市場のなかで，単一の製品とマーケティング・ミックスを投入するというものである．規模の経済を追求し，低コスト化による低価格で競争優位をはかろうとする．コスト・リーダー戦略の対極をなすものとして差別化戦略がある．標的市場をさらに市場セグメントに分け，それぞれの市場セグメントごとに製品およびマーケティング・ミックスを投入するものである．コスト・リーダー戦略の低コスト・低価格化とは逆の方向になるが，高コスト・高価格化というマーケティングに沿ったかたちで消費者ニーズに応える．コストがかかるため，利益水準は低下する可能性があるが，売上は増大する．以上の2つの戦略とは方向が異なるのが，集中型戦略である．標的市場を細分化し，自社が得意とする市場セグメントに絞って経営資源を集中投入し，この市場セグメントにおいてのみ優位を確立しようとするものである．

　さて，市場での地位と上の3つの戦略を組み合わせると企業のとるべき戦略が明確となる．リーダーは既にシェア等で優位に立っているので，コスト・リーダー戦略が有効である．規模の経済を生かしてさらにコストを削減し，優位性を強化するのである．製品が標準化している市場では，とくに効果が大きいと考えられる．これに対してチャレンジャー企業は供給量において劣るため，コストではリーダーに対抗できない．したがって差別化戦略をとることになる．創業期のHISが格安航空券市場創出に取り組んだのも，単なる低価格化ではなく，差別化

戦略に類するものと考えられる．フォロワー企業が取り得るものもやはり差別化戦略であるが，経営資源の制約があるのでかなり厳しいと言わざるを得ない．旧東急観光が外資に売却されたのも，この市場地位のままでは戦略的に展望が開けない，という経営判断があったものと思われる．ニッチャー企業が選択できるのは集中戦略のみである．リーダー企業等の大手が何らかの理由で進出を断念しているニッチ市場に経営資源を集中し，いわば小さな池の鯨のようなものを目指すことになる．

マーケット・シェアを高めるためには，戦略に沿った企業行動が必要である．上にあげたポーターは一つの例であるが，何らかの戦略に則ることによって，自社の企業行動を精査し，いかなるポジショニングをおこなうのかを再検討することになる．

(5) マインド・シェアと知覚マップ

ポジショニングにおいては自社および自社製品が消費者に認識されていることが前提となる．競争の激しい市場，いわゆるレッド・オーシャンにおいて，自社製品が売れるか否かは，消費者の認識の中でどのようにポジショニング（自社製品の位置付け）を獲得するかどうかにかかっている．飛行機といったときにJALが思い浮かべるとしたら，その瞬間に，JALは並み居る航空会社に対して圧倒的な優位に立っているといえる．念頭に浮かんでくる企業イメージもしくは製品イメージの中に入らなければ，その企業・製品の市場における将来は閉ざされたものとなろう．ホッチキスをステープラーという人は日本にはあまりいないかもしれない．しかしホッチキスは商標であり，それを持って呼ばれるということは，同製品の成功を示している．近年はキャノン等の成功によりあまりいわれなくなったかもしれないが，コピーといわずにゼロックスとしていたことと同様である．つまりある製品が認識の中にある場合は，その製品が実際の市場においても購買対象となることが想定される．

あまりアカデミックではないが，このマインド・シェアが購買に相関しているとすれば，市場でのポジショニング同様，マインド・シェアつまり消費者の認識の中のポジショニングが重要だということになる．つまり，マインド・シェアで上位を占めることがマーケット・シェアでも上位を占めることにつながるというのである．

ポジショニング分析において，このような消費者が意識する知覚上の位置付けは，知覚マップに反映される．

（6）ポジショニング構築

知覚マップによりポジショニングを構築するには主に二つの方法がある．一つは製品コンセプトを現状でポジショニングすることであり，もう一つは，知覚マップを通じて目標とするポジションを明確にする，というものである．製品コンセプトを現状のままでポジショニングにする方法は，製品コンセプト自体がユニークであれば可能となる．HIS の格安航空券が該当しよう．しかしこのような例は稀で，HIS のようなユニークなコンセプトは得られないことが通常である．そこで通常は，知覚マップを構成しポジショニングをはかることになる．

知覚マップは，消費者が主観的にとらえている製品がどのようなポジションにあるのかを知るために用いられる．知覚マップにより，まだ未開拓の領域や製品展開の偏りを見出すことが可能になる．ポジショニングにより差別化の新たな製品展開の方向を探ることになる．そもそもマーケティングとは，価格競争に陥ることなく，競合他社製品に打ち勝つことを目標としている．この非価格競争こそマーケティング競争であり，そこで重要な差別化をはかるにあたってツールとして欠かせないのが知覚マップなのである．

知覚マップを作成するには，まずポジショニングの軸となるものをあげていく．製品特性を列挙することになるが，専門家が求めるような属性をあげる必要はない．あくまで消費者の感覚重視であるので，そのような属性・機能ではなく，対象製品についての感触，製品から生じるメリットでもよい．航空会社のプレミアム・エコノミーであれば，「ゆったり感」のような軸構成も可能である．

マーケティングの基本である顧客ニーズの充足をふまえて，競合他社とは別のポジションをとることが求められる．これは客観的に別であるというよりも消費者の認識の中で主観的に別であることを作り出すことになる．新たなポジションが新しい価値を消費者にもたらすのである．あくまで消費者の認識の中での「別」であり，「新しさ」なのである．社内もしくは業界内での専門知識に捉われない，消費者目線およびニーズのような切り口を活用することによって有効なポジショニングをすることができる．

次いで購買決定要因を絞り込んでいく．製品属性を再検討することになる．あげられた多くの製品特性の中で，購買決定要因となる軸を選択する．通常2つを選択し，知覚マップを作成する．2軸を決定したうえで，自社製品と複数の競合他社製品の特性を知覚マップ上にポジショニングしていく．実際の作業は単純ではなく，多次元尺度法の活用により新たな軸を見出すことによって，特性の選択に戻って繰り返しポジショニングすることになる．

この際，以下のことに留意する．なんといっても，競合他社製品より優位にあると認識されることである．自社製品の新たなポジショニングと競合他社製品のポジションの弱体化をはかることになる．新しいポジショニングといっても，画期的新製品を投入するだけではなく，消費者に従来とは別の価値を認識させることによっても可能となる．競合他社製品のポジションの弱体化は，競合する市場とは別の市場で販売をはかることでもたらされる．同じ市場であればリーダー企業および上位企業が優位に立っている．これと同じポジションをとれば，劣位に陥るのは当然である．したがって通常，競合と同じポジションは選択されない．競合他社製品より優位と認識されるためには，競合他社製品との比較による．競合他社製品については，常に精査することが必要である．

　同質的競争を避けるという意味では，上記と同様であるが，自社製品ポジションについては，他社がそれをとらないようにすることがあげられる．競争を避けることがポイントである．

　共食いは要注意である．いわゆるカニバリゼーションであり，自社製品間で競合してしまうことを意味する．競合他社製品に対する優位性を有することと，従来の自社製品とは同じポジショニングは避けなければならない．航空会社のプレミアム・エコノミーの販売はビジネスクラスの顧客をシフトさせるかもしれない．機内食その他のサービスで差別化し，別のポジションであることを明確にすることがもとめられる．差別化の手法としては，新たなブランドの創出などが考えられる．

　自社製品のポジションが決定されても，競合他社製品が，同じポジションをとる動きに出ることがある．その場合，当該ポジションにとどまるか，新たなポジションをとるかを決めることになる．自社製品が優位にある場合はとどまれるが，劣位である場合は新たなポジションを求めることになる．ポジショニング作業を再開し，ポジションを変えていく．マーケティング戦略の要素としてポジショニングは適正なものに修正される必要がある．実施段階での修正は極めて難しいと考えられるからである．

（7）4Pについての意思決定

　標的市場において，いかなるポジションを占めるかが決定されれば，それを達成するためにマーケティング・ミックスが策定される．マーケティング・ミックスの要素は4Pであるが，標的市場における目標ポジションを得るために，その方策として設定される．4Pの検討すべき内容については以下の通りである．

製品戦略

　標的市場の消費者に対して提供する製品，つまりモノとサービスについて決めていく．マーケティング全体のなかで製品自体が占める比重は大きい．ただし，モノやサービスそのものは実態的製品で，マーケティングでいう製品とは，コア・プロダクトのことである．よく「ドリルの穴」の例がマーケティング・テキストでは取り上げられるが，消費者が求めているのは「ドリルの穴」であって，ドリルそのものではない，ということである．ホテルの客室そのものは実態的製品であって，コア・プロダクトは宿泊という機能なのである．この消費者ニーズを体現したものがコア・プロダクトであるということになる．モノあるいはサービスを企画・開発するということは，標的市場の消費者ニーズに合致するようなものをコア・プロダクトとして設定するということである．競合他社製品との比較が機能や品質などにおいてなされる．

　まず，モノ・サービスの実態を規定していくのが製品戦略である．製品の物的性質および特徴が決定される．モノについてはQCを通じて品質の維持が確認されるが，サービスにおいても顧客満足度の測定などを通じてその品質管理が試行されている．ブランドは対象市場セグメントによっては新たなものを設定するか否かが検討される．コーポレート・ブランドと製品ブランドの関係性についても課題となる．コア・プロダクト，実態的製品のさらに外側になるが，近年は保証がかなり重みを持ってきている．また同様の位置付けになるが，パッケージ，アフターサービスにも詳細な検討が必要である．以上をふまえたうえで販売するモノ・サービスのカテゴリー設定が欠かせない．

価格戦略

　価格政策としては，価格の設定と価格の維持が主要要素である．とくに価格の維持が課題であり，マーケティング全体の中でもここに大きな比重がある．値崩れはマーケティング戦略全体を掘り崩す危険があるからである．このため，価格変更の理由と時期については詳細な検討が必要である．チャネル・メンバーとの交渉により，値入，値下げについては慎重に検討することになる．割引など政策的施策についても同様である．

チャネル戦略

　国単位あるいは地域単位の流通に対して，企業単位の流通経路をチャネルという．いかに自社製品の販売に注力してくれる流通業者，つまり卸売業者と小売業

者を選定することになる．選定には流通業者の評価が前提となる．モノについては物流環境の整備が求められる．倉庫の数や立地が検討されるとともに，倉庫自体の設備も製品に適合している必要がある．また，輸送手段はトラック輸送へのシフトが顕著であるが，条件によっては内航海運，鉄道，航空機によることも考慮される．コンビニの配送が典型的であるが，運送頻度，在庫量について最適解を求めていくことになる．なお，倉庫および輸送については専門業者に外注することが一般的である．

プロモーション戦略

　広告とセールスマンが主なものとなる．広告目的，広告予算の設定は基本であるが，広告予算については広告の効果測定が難しい（売上が上がったとしても4Pのなかで広告に起因するか否か判別不可のため）ので決定的な算定方法はない．広告媒体を決定し，広告表現の選択が必要となる．パブリシティについても，その目的，対象，実施方法について検討する．セールスマンについては，まず人数の確定をした後，その教育訓練の方法を考える．またセールスマンの業績評価についてもその基準・方法を決定する．店頭などでおこなう狭義の販売促進についても，その種類と展開方法を決定することになる．

第4章　日本におけるメディカルツーリズムの可能性

1．はじめに
―日本のメディカルツーリズムの現状―

　今までの観光形態は観光地や観光施設に行くことが主な目的であったが，現在，観光のテーマ性を強く打ち出し，体験的要素を取り入れた新しいかたちの観光であるニューツーリズムが急激に注目されるようになって来た．一方，近年の経済成長に伴う国民所得の増大により，生活の質の向上と健康追求型ライフスタイルへの台頭により，「健康・医療」に対する関心が増大して来ている．

　こうした中，近年，健康のための医療サービスと，レジャーや体験文化などが統合された新しい形態の観光を組み合わせた「メディカルツーリズム」の取り組みが注目されている．特に，メディカルツーリズムはすでに一部の先進国をはじめ，東南アジア地域で急成長を遂げており，国際的なトレンドになっている．そして，このようなメディカルツーリズム先進国では，医療産業を高付加価値サービス産業として位置づけ，国家戦略として採択し，国家レベルでの投資とマーケティング活動である売り込みを積極的に行っている．

　日本におけるメディカルツーリズムは，2010年6月に閣議決定された「新成長戦略」において取り上げられたのが始まりである．この中で，「ライフイノベーションにおける国家戦略プロジェクト」の2番目に「国家医療交流（外国人患者の受け入れ）」があげられ，その支援策として医療滞在ビザの設置等支援策が示された．その後，経済産業省，国土交通省・観光庁，さらに地方自治体のメディカルツーリズムの調査事業等の取り組みが始まった．

　そのような中，2014年後半からの急激な訪日外国人の増加や，2020年オリンピック・パラリンピック東京大会に向けてさらなる訪日外国人の増加が見込まれる中で，外国人患者を受け入れようとする医療機関が増加して来ている．政策投資銀行における日本へのメディカルツーリズムの潜在需要が2020年には43万人に達するとの推計もある．今や日本の国家戦略のようになってきたメディカルツーリズムであるが，それに連動して，各自治体，大学病院，民間での取り組みも盛んになって来た．

　今後の日本におけるメディカルツーリズム発展の可能性の中心は「医療の質と水準」である．2001年6月にWHOが発表した「World Health Report 2000」に

よると，保険システムの達成度で，日本は加盟国191カ国中で第1位であった．しかし，判断の基準となったのは，①平均寿命などでみた健康の達成度，②5歳未満児死亡率でみた健康の地域間の公平性，③人権の尊重や利用者への配慮の達成度，④保健システムを利用する際の平等性，⑤家計規模に応じた費用負担の公平性，の5項目であった．日本の医療水準は国際水準レベルにあるのか，本当に世界水準なのか．日本のメディカルツーリズムの発展の可能性は，「高医療水準」の提供に尽きると考えられる．

　経済産業省が2013年度に発表した「国際医療交流の取り組み状況に関するアンケート」によると，メディカルツーリズムの訪日患者数では，中国，韓国，ロシア，米国からが多く，この4カ国からの患者だけで全体の81.5%を占めているのが現状である．

2．「メディカルツーリズム」の概念

　医療に係わるツーリズムは，「ヘルスツーリズム」と「メディカルツーリズム」に大別することが出来る．両者は国際的にみると同義で扱われることが多々あるが，国内では全く別のツーリズムとして扱われている．

　事実，観光庁のニューツーリズムの振興の中で，ヘルスツーリズムは「自然豊かな地域を訪れ，そこにある自然，温泉や身体に優しい料理を味わい，心身ともに癒やされ，健康を回復・増進・保持する新しい観光形態」としている．一方，メディカルツーリズムは，ヘルスツーリズムの1つであり，医療観光に携わるコーディネーターガイドライン（平成24年3月　観光庁国際観光政策課）において，「医療行為を受ける目的で海外に渡航すること」としている．

　この2つの概念の整理は，「予防医学」の定義から理解することが出来る．医学予防には，第一次予防，第二次予防，第三次予防の3つの類型がある．第一次予防は「健康増進，疾病予防，特殊予防」であり，第二次予防は「早期発見，早期対処，適切な医療と合併症対策」であり，医療行為の中核分野である．第三次予防は「リハビリテーション」である．この観点からみると，ヘルスツーリズムは第一次予防と第三次予防であり，メディカルツーリズムは第二次予防の分野が当てはまる．

　現在においても，メディカルツーリズムの定義はいまだ明確に確立されているわけではない．ただ，現在においては，メディカルツーリズムとは「住居国とは

異なる国や地域を訪ねて医療サービス（診断や治療など）を求める動き」というのが一般的な解釈である．ツーリストである患者は長くその国に滞在するほか，家族や見舞客の訪問も見込まれるため，ホテルや観光地などの分野への経済的効果が大きいと考えられる．

　メディカルツーリズムとは，「主に安い手術代や医療費，高度な医療技術，臓器移植，整形手術など，自国では利用することができない医療あるいは高価すぎる医療を受けることを求め，先進国の患者や発展途上国の富裕層患者などが他国へ渡航すること」である．メディカルツーリズムのことを，観光庁では「医療観光」と表現し，「医療観光に携わるコーディネーターガイドライン」では医療観光は，「医療行為を受ける目的で海外に渡航すること」と定義している．経済産業省や厚生労働省では「国際医療交流」という表現を使用している．

　どちらにしても，患者が滞在先で医療サービスを受けることを目的にし，他の国に渡航するという観光要素を含まない定義と，患者及び同伴者が医療と観光を合わせて目的とし，他の国に渡航するとう定義が混在しているのが現状である．

　事実，メディカルツーリズムは，がんや心臓手術などの高度医療を受けるためだけでなく，美容整形や歯科や健康診断まで命に関わらない医療まで目的は多岐にわたる．また，インターネットの普及や国際交通網の発展が医療のグローバル化を後押しし，世界約50カ国でメディカルツーリズムが実施されている．なかでもタイにおけるメディカルツーリストの数は年間200万人とも言われいる．他にシンガポール，マレーシア，インド，台湾などの国々が力を入れており，整形美容や歯科の分野では韓国が有名である．

3．「メディカルツーリズム」のパターン

　メディカルツーリズムは世界的な潮流である．医療情報のグローバル化が進み，情報がインターネットなどにより国境を超えて通じ，医療を求め患者が移動する現象が世界各国で起こっている．以前は発展途上国からアメリアなどの先進国へ行くことが主であったが，現在はアメリカなどの先進国からアジア諸国へ行く新たな流れも急速に出て来ている．

　自国において診療・治療などの医療を受けるのではなく，メディカルツーリズムを選択する理由は大きく5つに分類することが出来る．

　まず一つ目は，先進国・発展途上国に係わらず世界各国から，自国では困難な医療や長いドナー待ちなどを理由に，難病の治療や先進医療による治療を求め，

先進高度医療国であるアメリカやドイツに渡航する形態である．

　二つ目は，先進高度医療国であるアメリカから東南アジア諸国へ渡航する形態である．アメリカには世界各国から患者が集まる一方で，自国の無保険者や低所得層の患者はタイやシンガポール，インドなどの医療費が安い国に行く傾向が急速に広まっている．交通費，宿泊費を含めても自国で掛ける医療費より安く受けられると言われている．また，アメリカの保険では，美容ケアの分野は対応していないため，フェイスリフトやボトックス注射，脂肪除去手術や歯科治療，脱毛などの処理を安価で受けるため東南アジア諸国へ渡航するケースが増えて来ている．

　三つ目は，イギリスなどのヨーロッパ諸国から高度医療を「すぐに」受けるためにアメリカやドイツに渡航する形態と，安い費用で医療サービスを「すぐに」受けるためにアジア諸国に渡航する形態である．ヨーロッパ諸国では国家の医療システムにより医療を無料で提供していたり，企業負担により医療サービスを受けられたりするが，一方で手術などを受けられるまで半年以上の長い時間待たなくてはならないことが多々あると言われている．そのため，すぐに医療サービスを受けることを目的に渡航するケースである．

　四つ目は，中近東諸国の富裕層が高度医療を求めてアジア諸国へ渡航する形態である．2001年に起きた同時多発テロ事件以来，アメリカへ中近東諸国からの入国が難しくなったことから，アジア諸国に医療を求めて渡航するようになった．

　五つ目は，中国やモンゴルの富裕層が日本などのアジア諸国へ渡航する形態である．中国やモンゴルの医療機関では受けられない医療サービスを受けることを目的にしているケースである．

　日本におけるメディカルツーリズムは，2010年に閣議決定された「新成長戦略」によって注目された．アベノミクスの「新成長戦略」の中で，「わが国は，国民皆保険制度の下，低コストで高い医療サービスを国民に提供してきた結果，世界一の健康長寿国となった．世界のフロンティアを進む日本の高齢化は，ライフ・イノベーション（医療・介護分野改革）を力強く推進することにより新たなサービス成長産業と新・ものづくり産業を育てるチャンスである」（首相官邸, 2010）と方針を示し，医療を観光と組み合わせて推進していくことになった．2011年には政府がメディカルツーリズムとして日本に訪日する外国人への医療滞在ビザを創設した．この医療滞在ビザにより，滞在期間が3ヵ月から6ヵ月に延び，最長で3年間何度でも来日が可能となった．2012年には厚生労働省により，「外国人患者受け入れ医療機関認証制度（JMIP）」が創設された．外国人患者を

受け入れるにあたり，医療機関の質を確保することが狙いで，医療の水準や多言語による診察を行えるか，必要な経営基盤があるかなどを調査される．メディカルツーリズムによる外国人患者の受け入れを増やしていくためには，このような外国語にも対応し，安心できる認証された医療機関が増えていくことが必要である．

患者が自国を離れ，他国で医療行為を受けるメディカルツーリズムを行う動機は，「医療の質」「価格」「待機時間」等の患者の居住地との差である．「医療の質」については，日本の病院の中には世界的な高度な技術を持つ先端X円線やMRI，内視鏡治療を行っている医療機関があることや，心臓，脳外科，慢性期医療などの分野では世界トップクラスの水準であると言われている．「価格」においても，患者の居住地と日本を比較するため一概には言えないが，近々の円安の影響を受け，日本の医療価格が魅力的になって来ているという指摘もある．

また，日本政府観光局（JNTO）によると，2015年の訪日外国人数は1973万人と過去最高であった．2016年は，この昨年を上回るペースで増加しており，2000万人を大きく上回るのが現状である．それに加え，2020年に東京オリンピック・パラリンピックの開催によりさらなる訪日外国人の増加が見込まれる．これに伴い，外国人患者を受け入れようとする医療機関が増えてきているため，受け入れ体制の整備に関心が高まってきている．

4．日本のメディカルツーリズムの事情

政策投資銀行レポートによると，メディカルツーリズムの潜在的市場規模は，2020年において5507億円で，経済波及効果は2800億円に達するとしている．うち純医療分（医療機関の収入）を1681億円と推計しており，患者数は43万人としている．

日本の医療水準は世界でも上位に位置すると言われており，最先端の技術を擁しているが，これまでこの優れた医療技術を世界の人々のために活用することはほとんどなかった．それは，日本の医療は日本国民のために存在するとされていたし，この市場を開放したならば国民皆保険制度が崩壊すると言われ続けて来たためである．また，特に地方において医療過疎の問題がクローズアップされ，医師不足で日本市場でさえ医療供給不足であると言われてきた．

しかし，余剰の医療資源も日本には存在する．健診・検診に使用されている医療検査機器に関しては，日本は世界に誇れる優位性を保持している．日本のメデ

ィカルツーリズムは主に健診・検診と観光を組み合わせたパターンとして試みられて先行している．日本はメディカルツーリズム先進国と比べると，日本の優位性は直接命に関わらない，健診，検診，歯科，審美の分野である．

その点から言えば，まず，日本のPET，MRI，CTなどの医療検査機器の保有台数は世界一である．日本へ渡航して，高性能の検査を低コストで簡単に受けることができることは，日本のメディカルツーリズムの最大の魅力である．また，世界中の病院で使われている内視鏡機器の90％以上は，日本メーカー製であり，日本の保有台数はその内の約3分の1を占めている．

日本が保有している医療検査機器からすると，「健診・検診，歯科，審美」の医療と「観光」を組み合わせたパターンが日本のメディカルツーリズムの産業育成の第一ステップであると考える．この分野からであれば，国民皆保険制度の崩壊にも直結せず，かつ低リスクでもあり，医療関係者の参入を促すことにも繋がる．

5．日本におけるメディカルツーリズムの課題

メディカルツーリズムの市場として成長し中心となってきたアジアの中で日本はメディカルツーリズム先進国のタイやシンガポール，急成長をしている韓国や台湾に比べて遅れをとっている．メディカルツーリズムを日本で推進していく上で，外国人患者に提供する準備が整い切れていない状況である．日本が外国人患者の受け入れに伴う課題は様々な面で存在する．

その一つ目は，「医療費に関する問題」である．日本の医療制度は国民が何らかの公的な医療制度に加入している国民皆保険制度で行われている．日本のほとんどの医療施設がこの医療保険制度に基づいているため，訪日外国人のように日本の保険に加入していない人の保険外診療，いわゆる自費診療域における対応に慣れていない．いくら医療費を請求するかは各医療機関に判断が任せられている．そのため，価格設定の判断が難しく，いくら請求すればよいか躊躇してしまうのが現実である．医療機関によって医療費請求の価格設定が変わってくるため，情報弱者の訪日外国人にとっては価格基準がわかりにくいという問題点が存在する．

二つ目は，「マーケティングに関する問題」である．日本では医療法上，医療保険を適用している医療サービスについての広告・宣伝が制限されているため，広告・宣伝に不慣れである．そのためメディカルツーリズムを実施している医療機関も海外へのアピールが不足しているのが実情である．日本の医療機関は世界

からみても高水準にあるにも係わらず，この事実についてうまく広告・宣伝が出来ていない．このマーケティング技術を駆使することによって，日本にメディカルツーリズムを目的に訪日する外国人患者が増えていくと思われる．

　三つ目は，「受け入れ環境の問題」である．現在の日本において，一部の産婦人科や小児科，麻酔科，救急科などで，医師不足や待ち時間の長さなどの問題が顕著化している．医師不足のため待ち時間が長くなる．この医師不足の中，さらに外国人患者を受け入れることは難しいことである．しかし，日本でも比較的余裕のある医療分野も存在する．事実，日本のメディカルツーリズムの強みは，検診・健診や歯科，審美などの医療サービスであり，この分野からの発展を期すことが重要に思われる．

　四つ目は，「医療紛争の問題」である．メディカルツーリズムを利用する外国人患者と日本人医療スタッフとでは，言語や文化の違いが存在する．外国人患者との意思疎通が上手くいかず，トラブルや医療訴訟につながることへの懸念がある．例えば，日本は医療費の支払いは後払いであるが，前払いの国から来た外国人患者からしたら，後払いは費用の内訳の不透明さを感じるなどの誤解を生じる可能性がある．

　五つ目は，「医療通訳の問題」である．外国人患者を受け入れるにあたって，外国人患者と日本の医療スタッフの間のコミュニケーションを円滑にとれるようにする医療通訳の存在が不可欠である．しかし，その役割を行う医療通訳士の数が極めて少ないという問題がある．医療通訳士は，外国人患者のニーズを伝え，医療を円滑に運び，現場でのリスクを軽減するのに大きな役割を担うものである．医療通訳士には，語学力，医療専門用語の知識に加え，その国の文化，社会的背景を知った上でのコミュニケーション能力が必要である．

　六つ目は，「医療コーディネーターの問題」である．外国人患者を受け入れにあたって，様々なシーンで，医療コーディネーターの必要性が叫ばれている．しかし，その医療コーディネーターの量的不足と質的不足が指摘されている．特に，契約時に，医療行為や支払いなどの重要事項説明と同意インフォームドコンセントがとれていない事が多発していると言われている．メディカルツーリズムを定着させるには，病院と外国人患者をつなぐコーディネイト役が重要である．受け入れの空港エスコート，カウンセリングなどを担える人材の確保や教育が今後の課題である．

6. 日本のメディカルツーリズムが直面する問題

　メディカルツーリズムを「産業」の視点で捉えると，「地方」および「地方自治体」が絡んだ観光を中心にしたメディカルツーリズムが望ましいのは言うまでもない．日本のメディカルツーリズムでは，観光がポイントで，四季折々の日本の自然や温泉，観光地におけるおもてなしの心，接客サービスなどを組み合わせたホスピタリティが重要である．この中心は都市部より「地方」である．

　しかし，地方および地方自治体の医療部門におけるメディカルツーリズムの優先度は低いのが現実である．一般的に地方および地方自治体では，病院の不採算性，医師不足，看護師不足といった問題を抱えているのが普通である．地方および地方自治体の医療部門においてメディカルツーリズムを積極的に取り組むところは少ないのが現実である．また，医師会が賛成しない場合はなおさらであり，事実，47都道府県の医師会はメディカルツーリズムに対して，賛成の態度を持つところはひとつもなく，反対や中立がほとんどの状況である[1]．地方や地方自治体で医師不足が実数として顕在化している地域，具体的には全国平均より医師数が少ない地方で地方自治体が中心になってメディカルツーリズムに対して取り組むことは困難性が伴う．しかしながら，視点を変えてみると，メディカルツーリズムに取り組むことは，医師不足などから起きる医療崩壊に対して改善薬になる可能性がある．それは，日本では病院を中心としたメディカルツーリズムが都市部ではなく，地方で起きていることからも推測される．メディカルツーリズムは単に海外の患者を獲得するのではなく，病院の国際化に繋がり，強いては地方の国際化に繋がることである．メディカルツーリズムは病院のレベルアップに繋がり，医師や職員のレベルアップに繋がる．そして観光を通じてその地方および地方自治体の活性化に繋がることを忘れてはならない．

　医師会がメディカルツーリズムに消極的な理由は，国民皆保険に影響を与えかねない問題や医療現場の混乱を招きかねないからと考えているからである．具体的には，営利を目的にしたメディカルツーリズムは医療の質を損なうおそれがあり，公的医療制度の保険給付範囲が縮小するおそれがある．また，日本の，医師不足の現状で，急増する医師や看護師の安全性への配慮に費やす時間が少ないために，国民の健康・安全が損なうおそれもあるとされる．このような状況からすると，医師会の考え方からしても，日本のメディカルツーリズムの将来性を楽観視することは出来ないと考えられる．

7．JCI承認を取得する日本の病院

　日本政府の「新成長戦略」の中，メディカルツーリズムの成長性に注目が注がれるようになって来ている．日本政策投資銀行によれば，2020年時点の潜在需要として年間43万人程度の需要が潜在的にあるとみられる．観光を含む市場規模は約5500億円，経済波及効果は約2800億円と試算されている[2]．

　この避けられない国際化の流れにのっとり，メディカルツーリズムの成長性が叫ばれる中，国内の医療機関が，世界的基準で正当な第三者機関からの認証を得ることは大きな意義がある．海外からの患者にとって，病院選びの指標になるからである．

　その第三者認定機関の最大手が，米国に本部のある国際医療機関認証であるJCI（Joint Commission Internaional）である．最近，日本でもこの機関の認証を目指す医療機関が急増している．2016年10月現在，このJCI認証の認定を受けている医療機関は，世界67ヵ国で871施設であり，日本では19施設である．

　JCIは，世界各国の医療施設数の上位2％を目指していると言われている．日本の病院でいえば160施設程度の認証が目標とされている．今後，この認証を取得しようとする病院が増えることと思われる．承認を受けるためには，評価項目が多岐に渡り管理がたいへんなため，メディカルツーリズム等国際対応可能な人材を抱える病院施設を中心に，手が上がって来るものと思われる．

　メディカルツーリズムに注力するアジア各国の病院や医療施設は，JCI認証を，競うように取得してきた事実がある．病院や医療施設が，JCIからの審査を受けるにあたっての評価基準は，14分野に及ぶ．その内訳は，医療機関の管理基準が6分野（①質の改善と患者安全，②感染の予防と管理，③組織管理，④施設管理と安全，⑤職員の資格と教育，⑥コミュニケーションと情報の管理）で，患者中心の基準が8分野（①国際患者安全目標，②ケアへのアクセスと継続性，③患者と家族の権利，④患者の評価，⑤患者のケア，⑥麻酔と外科的ケア，⑦薬物の管理と使用，⑧患者の家族の教育）で，とりわけ患者の安全性を追求している．そのチェック項目の数は1145にのぼり，いずれもポイント制で，合格基準に達しない項目には，事後，改善計画書の提出が求められる．この認証の取得の受審は有償で，承認は3年の有期である．

第4章　注
1）社団法人日本医師会（2010）『各都道府県における医療ツーリズムの動向』によると，メディカルツーリズムに賛成の医師会は47都道府県医師会のうち「0」であり，中立が「7」，反

対が「28」，どちらかと言うと反対が「6」，コメントなしが「6」であった．
2）日本政策投資銀行（2010）『進む医療の国際化―医療ツーリズムの動向―』．

参考文献
植村佳代（2013）「進む医療の国際化：医療ツーリズムの動向」『国際人流』315号．pp. 10-15.
川内則会（2011）「日本の医療通訳の課題」『青森県立保険大学雑誌』第12号．pp. 33-40.
千葉千枝子（2014）「日本のメディカルツーリズムとその行方」『地域開発』592号．pp. 51-53.
高橋伸佳（2015）「国際医療交流（メディカルツーリズム）ヘルスツーリズムの産業化における現状と課題」『バイオサイエンスとインダストリー』173号．pp. 244-248.
辻本千春（2011）「メディカル・ツーリズムにおける推進戦略に関する考察：日本と韓国の比較論」『日本国際観光学会論文集』第18号．pp. 49-54.
中村安秀・沢田貴志（2009）「MEET-MEDICAL EXPERTS TALK 在日外国人に対する医療」『日本医事新報』第4458号．pp. 34-41.
中村安秀（2014）「なぜ，いま，医療通訳なのか」『保険の科学』第56巻第12号．pp. 796-799.
中元隆明（2011）「国際観光医療学会の発足：日本版メディカルツーリズムの普及を目指す」『観光文化』205号．pp. 6-9.
西山利正（2013）「医療観光の将来性」『国際人流』315号．pp. 6-9.
羽生正宗（2011）『医療ツーリズム：アジア諸国の状況と日本への導入可能性』慶應義塾大学出版会．
方鴻（2012）「メディカルツーリズムの現状」『観光学論集』7号．pp. 33-41.
真野俊樹（2012）『医療が日本の主力商品となる』ディスカバー携書．
真野俊樹（2011）「日本におけるメディカルツーリズムの可能性」『自治体国際化フォーラム』257号．pp. 31-41.
水巻中正（2011）『医療ツーリズム：大震災でどうなる日本式成長モデル』医療ジャーナル社．
南谷かおり（2012）「外国人診療における医療通訳の重要性について」『日本渡航医学会』第6巻第1号．pp. 52-55.
吉田紀子（2011）「日本のメディカルツーリズム〈前編〉」『イグザミナ：examine』281号．pp. 1-4.
吉田紀子（2011）「日本のメディカルツーリズム〈後編〉」『イグザミナ：examine』282号．pp. 1-4.

第5章　観光とコンテンツビジネス

　情報化が進むなか，世界各国でコンテンツを軸に知的創造産業を育成し，知財立国を目指す動きが目立つ．コンテンツとは，映像，音楽，ゲームだけでなく情報財としての旅行などエンタテイメントや，芸術，各種ビジネスノウハウ，プログラムも含む．本章では，市場におけるビジネスの成功は，人の満足，行動を呼ぶソフト，コンテンツにかかっているという視点から，コンテンツビジネスの基本構造，企画構想，主観評価，コンテンツ制作を学ぶ．

１．観光とコンテンツの関係を理解する

1-1　コンテンツの定義

　コンテンツとは人の欲求を満足させる情報である．メディアによって伝えられ，人と人，人と社会を繋ぐ役割が期待される．潜在的な観光者から見れば，観光の目的地（ディスティネーション）に対する期待を抱かせるものであり，実際に現地に訪れた際，その現実が観光者の期待以上であれば感動に繋がるであろう．それゆえ，観光のコンテンツは現実に忠実である必要があるし，コンテンツの提供者は，潜在的な観光者の需要をできるだけ正確に把握して，適切な情報を提供することが求められる．

1-2　観光の動向とコンテンツの役割

・観光者の需要の変化

　観光の動向として，かつては日々の仕事を忘れるための物見遊山的なマスツーリズムが主流であったが，近年では，個人の趣味を極めた，より本物志向の旅へと関心が高まっている．では，なぜ観光者の需要がそのように変化していったのか．その参考となる理論として，文献　橋本俊哉 編著「観光行動論」（原書房，2013）を参照すると，マズロー（Maslow, 1954; 小口訳，1971）による欲求階層説や，ピアス（Pearce and Caltabiano, 1983）による旅行経験量により「生理的→安全→所属と愛→自尊→自己実現」と段階的に観光者の需要が上昇するなどの考えが挙げられる．コンテンツの企画構想では，潜在的な旅行者の欲求が，生理的な欲求から自己実現までのどのレベルに位置づけられるか把握する必要であろう．

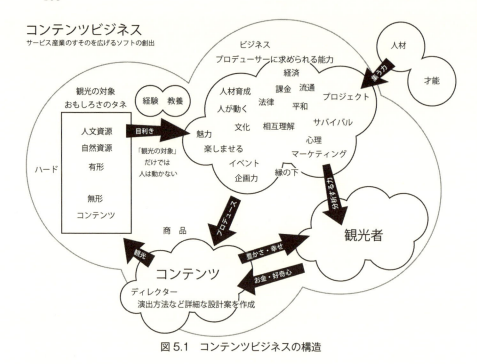

図 5.1　コンテンツビジネスの構造

・プロデューサーとディレクターの役割

　図5.1を参照しながら，コンテンツビジネスの構造を説明する．「コンテンツ」とは「観光者」にとって，好奇心やお金を支払って豊かさや幸せを得るための無形の商品であり，その商品化には，プロデューサーとディレクターの存在が欠かせない．

　プロデューサーは，コンテンツの「おもしろさのタネ」を発掘し，観光者の需要の変化を分析しながら，商品化に向けた企画書を作成したり，制作開発の為の人材や資金を調達したり，経済・流通・法律を遵守して業務全体を管理する役割を担っている．

　ディレクターは，プロデューサーの企画意図に従って，コンテンツの詳細な演出方法などの設計案を作成し，コンテンツの開発・製作状況が企画書や設計案のとおりか監督する役割を担っている．

2．コンテンツの構想

本節では，観光に関するコンテンツの構想として，地域に存在する「おもしろさのタネ」の発掘方法から企画意図の立案までを例題を通して学んでいく．

前節で説明したとおり，潜在的な観光者の需要を把握することに加えて，地域の自慢や誇りは何であるか把握することが求められる．つまり，どのようにして「観光者の期待」と「地域の誇り」を結びつけていくかという視点が必要になる．

2-1　観光資源の発掘
・イメージマップの説明

イメージマップ（図5.2参照）とは，縦横2軸のマップに，「体験，食，手に入れる」の3つの視点から，地域に存在している「おもしろさのタネ」を分析者の主観で自由に配置したものである．図5.2では，縦軸に「貴重な経験」，横軸に「体験しやすさ」としたが，他に「季節」を軸とする場合もあるだろう．イメージマップによる分類により，ネタの優先順位の検討が主観的にできるだろう．定量的な検討については後の2-3で説明する．なお，インターネットで公開されている画像を利用して，イメージマップでの検討を進める場合は，その検討過程に限る利用など，著作権に十分注意する必要があり，自ら発信するコンテンツに，他者の著作物を無断で利用することはできない．

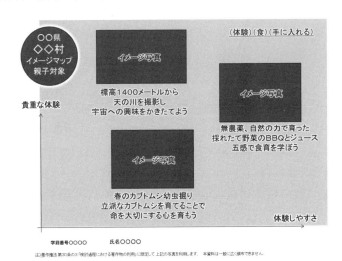

図5.2　（例）イメージマップ

2-2 地域の誇りと観光者の期待を結びつける

・イメージボードの説明

　イメージボード（図5.3参照）とは，構想対象である「潜在的な観光者」や「地域の誇りや自慢」に関する写真や資料を，それらの重要性を主観的に判断しながら，1枚のボードに自由に配置したものである．図5.3では，左側に地域の自慢を配置し，右側には観光者の写真を配置し，その際，分析者が気づいたことを文字として重ね合わせている．なお，第三者が公開している写真を利用して，イメージボードの検討を進める場合，後に自らが発信するコンテンツには，他者の著作物を無断で利用することはできない．

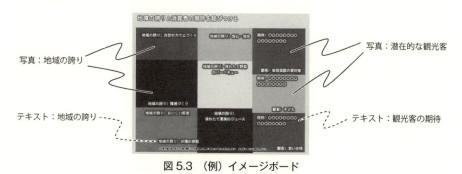

図5.3　（例）イメージボード

・メインカットと企画意図の構想

　イメージマップとイメージボードによる予備調査を振返りながら，潜在的な観光者は誰か，どのような「おもしろさのタネ」と結びつけるか，そこに市場や需要は存在するのかを考え，メインカット（図5.4参照）や企画意図（図5.5参照）をまとめる．

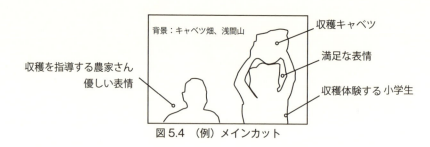

図5.4　（例）メインカット

第5章　観光とコンテンツビジネス　　111

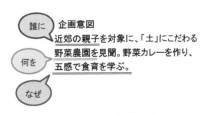

図 5.5　（例）企画意図

2-3　企画意図の取捨選択も大切（階層分析）

「地域資源の発掘」や「イメージボードによる整理」を経て，地域には複数の観光資源が存在することに気がついたであろう．その全てを消費者に伝えることも良いが，先ず，消費者にとって関心の高いネタを大きく取り上げるコンテンツにすることが望ましいであろう．そのためには，「どのコンテンツが，どの程度高く評価されそうか」を定量的に把握する必要がある．ここでは，人の主観に関する定量化の方法として，階層分析法について文献　酒井浩二・山本嘉一郎「感性的評価─ AHP とその実践例」（ナカニシ P 出版，2008）を参照しながら説明する．

酒井らの文献によると，階層分析法（Analytic Hierarchy Process）は T.L. サーチ教授によって1970年代から開発された合理的な意思決定モデルである．人の主観や勘の反映や多くの目的を同時に考慮できるモデルであると紹介されている．ここでは，階層分析を以下の4つのプロセスによって進め，その考え方の習得を目指す．

・階層分析法 ─ ステップ（1/4）階層分析の構造図を作成する

先ず，階層分析の構造図を作成する．意思決定プロセスを，1）最終目的　2）評価基準　3）代替え案の3つの階層に分けて分析する．図5.6に示す例題では，最終目的を「旅先の決定」とし，評価基準を「体験」「希少」「交流」とした．最後に，選択すべき代替え案は，予備調査として，図5.2のイメージマップで分類した旅の代替え案「高原野菜の収穫体験」「標高1400メートルでの天体観測」「昆虫採集」とし階層分析を説明していく．

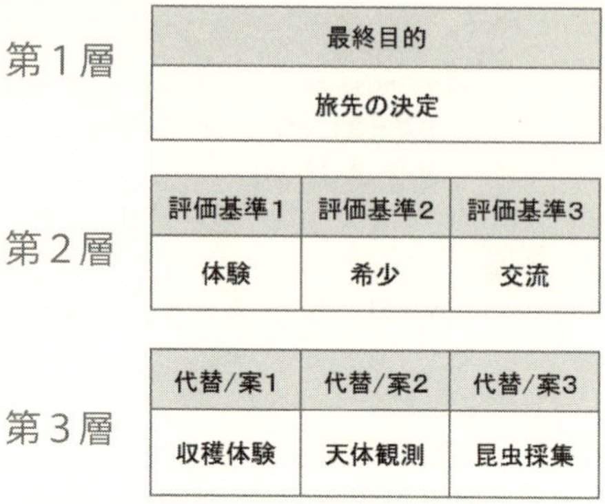

図 5.6　AHP 階層図の例

・階層分析法 ― ステップ（2/4）：評価基準のウェイトを計算する

次に，第 2 ステップとして，評価項目のすべての対に対して一対比較を行う．その例を図5.7に示す．評価項目の一対毎に，1 から 9 までの重要度の尺度を選択できるようになっている．

図5.7に示す例では，一行目は「体験」と「希少」，二行目は「体験」と「交流」，三行目は「希少」と「交流」を比較する．もし，左側の項目が重要と考えれば，その対となっている右側の項目の重要度が下がる仕組みになっている．

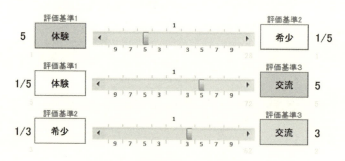

図 5.7　評価基準の一対比較の例

すべての項目に対して行った一対比較の結果を，図5.8のようなウェイト（重み付け）算出表にまとめる．なお，後のステップ 4 の総合評価で，算出したウェイトどうしを掛け合わせる．ゆえに，数値の合計÷個数の算術平均ではなく，掛け算の平均である幾何平均を用い，「幾何平均÷幾何平均の合計」でウェイトを

算出する．

図5.8の例では，評価項目「交流」が，著者の主観評価において，他の評価項目よりも重要であると定量化することができた．

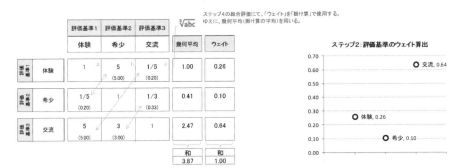

図 5.8　例）評価基準のウェイト算出表

・階層分析法 — ステップ（3/4）：評価基準１の視点から，企画意図を一対比較する

第３ステップとして，代替え案を３つの評価基準の視点から（図5.9，図5.10，図5.11に示す），それぞれ一対毎に重要度の尺度を比較し，それぞれの評価基準での代替え案のウェイトをステップ２と同様の手順で算出する．

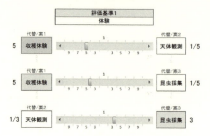

図 5.9　（例）評価基準 1 の視点から，代替え案の一対比較

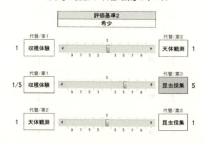

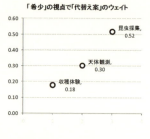

図 5.10　（例）評価基準 2 の視点から，代替え案の一対比較

第5章 観光とコンテンツビジネス　115

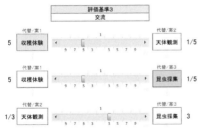

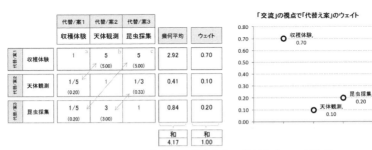

図 5.11　（例）評価基準 3 の視点から，代替え案の一対比較

・階層分析法 ― ステップ（4/4）：評価基準と代替え案のウェイトを掛け合わせる

　最後の第 4 ステップとして，第 2 ステップで求めた評価基準のウェイトと第 3 ステップで求めた各評価基準における代替え案のウェイトを，図5.12に示す組み合わせで掛け合わせ，総合評価を求める．

　図5.12の例では，代替え案「高原野菜の収穫体験」が，著者の主観評価において，他の評価項目よりも重要であると定量化することができた．

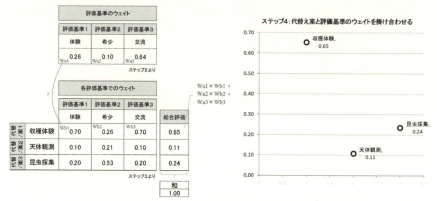

図 5.12 代替え案の総合評価として，評価基準のウェイトと代替え案を掛け合わせる

2-4 企画書の作成

　主観評価や定量的な評価を経て，コンテンツの顧客とその需要が明確になってきたら，タイトルと企画意図をはじめ，その具体的な内容として取り上げるお店などの候補や，情報の素材として，お店の外観や内観，商品など，どのような写真が必要となるか．また，どのようなインタビューを想定しているかを企画書にまとめる．

3．コンテンツ表現手法（1）特集形式

　本節では，企画書の内容を，どのような演出で消費者に伝えるか考え，情報雑誌の特集形式の表現手法について学ぶ．

3-1 大ラフ

　大ラフとは，情報誌面の設計における，大まかな下書きに相当するものである（図5.13参照）．ページ構成として，タイトルとリード，メインカット，サブカット，本文，データ，それぞれの配置や大きさを決めるもので，いくつかのパターンを準備し，先の階層分析法を応用して，もっとも，最適なレイアウトを探求することが望ましい．

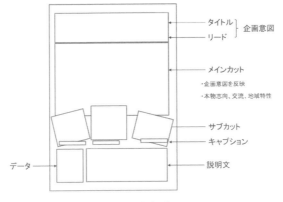

図 5.13　（例）大ラフ

3-2　タイトルとリード（例題）

　特集ページの中で，もっとも大きな文字がタイトルであり，その下に配置してあるのがリードである（図5.14参照）．消費者に対して，効率よく選ばれた言葉やフォントの大きさを工夫しながら，企画意図を伝えることが求められる．

図 5.14　（例）タイトルとリード

3-3　メインカットとサブカット

　特集ページでもっとも大きな写真をメインカットとよび，その補足的な写真をサブカットと呼ぶ（図5.13参照）．いずれも企画意図を写真で伝える役割を担う．写真の下には1行程度のキャプションと呼ばれる説明文をつける（図5.15参照）．

図 5.15　（例）キャプション：写真を説明する役割を担う

3-4　本文とデータ

　特集ページの大ラフ（図5.13）において，企画意図を文章で伝える役割を担うのが本文である（図5.16参照）．本文には，その内容を要約した見出しをつける．そして，スポット名，住所，連絡方法，営業時間，休日などを伝える役割を担うのがデータである．

☆☆村　〇〇農園

7月中旬から9月まで、キャベツ、トウモロコシ、トマト、ブルーベリーの収穫体験やジャム、ジュースづくりを楽しめる。9月から11月はポップコーンづくりや花インゲンなど。
住所）□□県※※郡☆☆村〇〇ルート沿い　電話）0000-00-0000　営業時間）要予約

☆☆高原の朝露と元気な土で育った野菜を収穫する喜び
☆☆村で、とことん土づくりにこだわった体験農家「〇〇農園」を紹介する。
東京都内から△△を経由して3時間、標高1200mの□□県☆☆村で、とことん土づくりにこだわった体験農家「〇〇農園」を紹介する。
自然の力で土づくりをした環境で育った野菜は「甘い、やわらかい、みずみずしい！」を強く実感できるほど格別．採れたてをジュースにして楽しむこともできる。
収穫の感動や安心安全を徹底した食の生産現場を見聞して、食ができるまでの環境づくりや食に対する感謝の心構えを育もう。

図5.16　（例）本文

4．コンテンツ表現手法（2）イラスト

　本節では，コンテンツの表現手法の2つめの例題として，図5.17に示すイラストマップの例題を用いながら，Adobe Illustrator の使用方法を学んでいく．

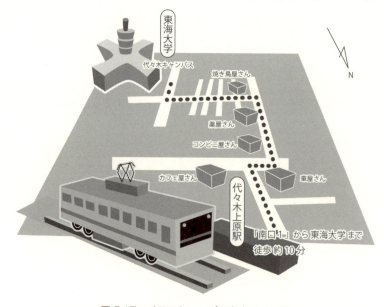

図5.17　イラストマップの完成イメージ

4-1 立体の描画と陰影

　まず，Adobe Illustrator の基礎的なツールの使い方に慣れることを目指す（図5.18参照）．もしツールが見当たらない場合は，ウィンドウメニューのツールを有効にする．長方形ツールを選択して，四角の対角線上の2点をクリックして，四角形を描く（図5.19参照）．

　次に，ツールの上部にある白いやじるし「ダイレクト選択ツール」を選択し（図5.20参照），四角形の頂点を動かす練習をする（図5.21参照）．なお，図形の頂点は「アンカーポイント」と呼ばれている．白いやじるし「ダイレクト選択ツール」の隣にある，黒いやじるしは「選択ツール」と呼ばれ，図形そのままの形で選択・移動させるツールである．

　白いやじるし「ダイレクト選択ツール」に慣れてきたら，より積極的にアンカーポイントを動かして，立方体を完成させてみよう（図5.22，図5.23参照）．

　ツールボックスの下部にあるのが，線と面の色指定である（図5.24参照）．図形を選択ツールで選択した後，色を指定することができる．なお，色指定で「斜線」を選択すれば，「線なし」や，「面の塗りをなし」が指定できる．一枚一枚の面を色指定をして，陰影を表現する（図5.25参照）．

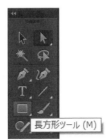

図5.18　導入：四角形を描く（1）

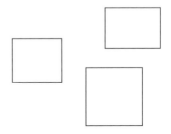

図5.19　導入：四角形を描く（2）

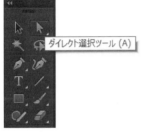

図5.20　導入：頂点を動かす（1）

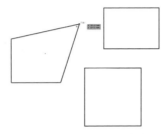

図5.21　頂点を動かす（2）

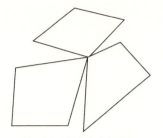
図 5.22　頂点を合わせる

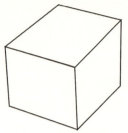
図 5.23　立方体の完成

図 5.24　線と面の色指定

図 5.25　立方体の陰影

4-2　電車のイラスト作成

　立方体の描画に慣れたら，次は，図5.26に示すような，電車など具体的なイラストの描画に取り組もう．

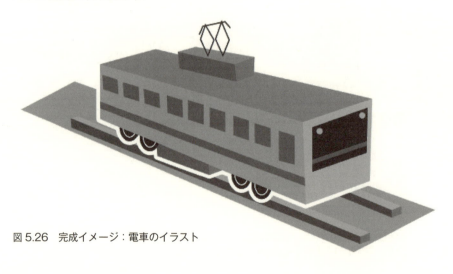
図 5.26　完成イメージ：電車のイラスト

・車両の胴体を描く

　最初に，モデルとなる電車車両の特徴を，立方体を用いて表現する（図5.27参照）．

・正面）ライトや窓を描く

　次に，車両前面の窓やライトを，立方体の描画で学んだ「長方形ツール」や「ダイレクト選択ツール」（図5.18，図5.20参照）に加え，長方形ツールを長押しすると表示される「楕円形ツール」（図5.30参照）を用いて，ライトを描いていく（図5.31参照）．

・側面）窓や装飾を描く

　側面の窓の描画にも，これまでと同様に，長方形ツールを用いるが，奥行き感を持った窓を連続して作成するにはコツが必要である．例えば，図5.33に示す補助線を入れると作業を進めやすい．線は図5.22に示すペンツールを用い，始点と終点の2点を指定することで作成できる．

・上面）パンタグラフを描く

　ペンツールを駆使すれば，図5.34に示すようなパンタグラフを描画することができる．ひし形であれば，ペンツールで始点から始まり，2点目，3点目を指定し，最後の4点目で始点をクリックすることで図形を閉じる．面の塗り指定を「なし」にすれば，パンタグラフの支柱が描画できるだろう．

・底面）車輪を描く

　車輪は「楕円ツール」（長方形ツールを長押しすると表示される）を用いて描画する．なお，車輪の内溝として，白い同心円を描いた．楕円の作成においてALTキーを押すことで，描画の始点を中心に切り替えることができる（図5.36参照）．

　選択ツールで同心円どうしを選択し，右クリックすることで，グループにすることができる．続けて，重なり順を最背面とすることで，車両の奥に車輪を配置することができる（図5.37参照）．

図 5.27　導入：車両の胴体を描く（1）

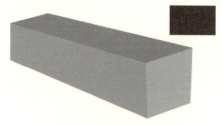

図 5.28　窓を描く（1）

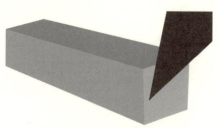

図 5.29　窓を描く（2）

図 5.30　ライトを描く（1）

図 5.31　窓を描く（2）

図 5.32　窓や装飾を描く（1）

図 5.33　窓や装飾を描く（2）

第5章 観光とコンテンツビジネス　　123

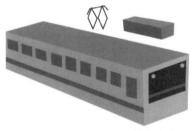
図 5.34　パンタグラフを描く（1）

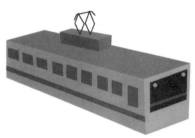
図 5.35　パンタグラフを描く（2）

図 5.36　車輪を描く（1）

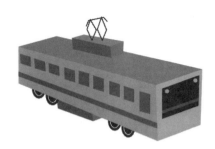
図 5.37　車輪を描く（2）

4-3　道路を描く

　道路（図5.38参照）は，この節のはじめで学んだ「長方形ツール」と「ダイレクト選択ツール」を用いて描画する（図5.39，図5.40参照）．

図 5.38　完成イメージ：道路のイラスト

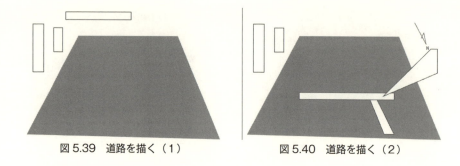

図 5.39　道路を描く（1）　　　　　図 5.40　道路を描く（2）

4-4　曲線を有する建物の描画

図5.41に示す「曲線を有する立体」の描画に挑戦する．

図 5.41　完成イメージ：曲線を有する建物のイラスト

・建物の基本を描く（X 型）

　最初に，モデルとなる建物の特徴である X 型を，ペンツールを用いて描画する（図5.43参照）．なお，複雑な形を描く場合，図5.42のように，塗をなし，としてから始めると，作業を進めやすいだろう．

第5章　観光とコンテンツビジネス　　125

図5.42　建物の基本を描く（X型）（1）

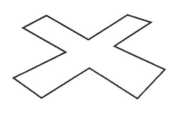

図5.43　建物の基本を描く（X型）（2）

・建物の側面を描く（平面）

次に建物の側面を，長方形ツールとダイレクト選択ツールを用いて，頂点を動かすことで表現する（図5.44，図5.45参照）．

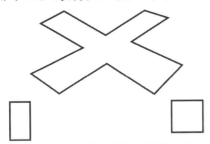

図5.44　建物の側面を描く（平面）（1）

図5.45　建物の側面を描く（平面）（2）

・建物の側面を描く（曲面）

新たな曲面の描画だが，はじめは今までと同じく，長方形ツールで面を作成する（図5.46参照）．

次に，新たなツールで，ペンツールを長押しすると表示される「アンカーポイントの追加ツール」（図5.47参照）を用いて，先程作成した面に頂点を追加する（図5.48参照）．

追加した頂点を，ダイレクト選択ツールを用いて，目的の形に近づけていく（図5.49，図5.50参照）．

曲線となる箇所の中腹点を，アンカーポイントツール（前出の図5.47参照）を用い，目的の頂点を左または右にドラッグすることで曲線にすることができる（図5.51，図5.52参照）．

これまでに説明した，1）長方形ツールによる面の作成，2）ダイレクト選択ツールによる頂点の編集，3）陰影，4）図形の重なり順を応用して，残りの側面を描画する（図5.53，図5.54，図5.55，図5.56参照）．

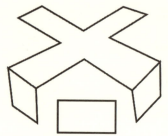

図 5.46 建物の側面を描く（曲面）（3）

図 5.47 頂点の追加（1）

図 5.48 頂点の追加（2）

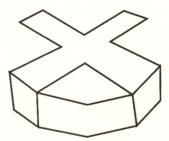

図 5.49 頂点を動かす（1）

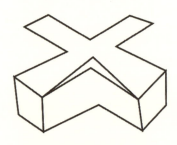

図 5.50 頂点を動かす（2）

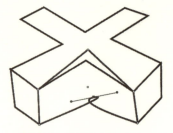

図 5.51 曲線にする（1）

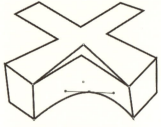

図 5.52 曲線にする（2）

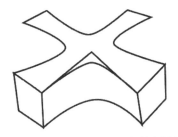

図 5.53　面の順番で，不要な線を隠す

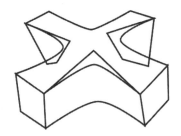

図 5.54　面の順番で，不要な線を隠す

図 5.55　面の陰影をつける

図 5.56　面の順番を調節し，不要な線を隠す

・円筒を描く

　円筒においても，1）基本的な輪郭の作成，2）陰影の設定，3）図形の重ね順の3つで表現することができる（図5.57，図5.58，図5.59，図5.60参照）．

図 5.57　円筒の描き方：上面と底面を描く

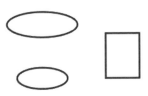

図 5.58　円筒の側面を描く（1）

図 5.59　円筒の側面を描く（2）

図 5.60　陰影と重なり順を調整する

・曲線を有する建物の完成

これまで作成した部品を組み合わせて，建物を完成させる．なお，部品ごとにグループ化しておくと，重ね合わせや位置合わせの作業が進めやすいだろう（図5.61，図5.62参照）．

図 5.61　部品を組み合わせる

図 5.62　円筒の重なり順を調整する

・スポット名称を書く

文字ツールや角丸長方形ツールを用いて，スポット名を描画しよう（図5.65参照）．いずれのツールも長押しすることで，類似する他のツールを参照することができる．適宜，試してもらいたい（図5.63，図5.64参照）．

図 5.63　スポット名称を書く（横）

図 5.64　スポット名称を書く（縦）

・その他）白フチにする

　グループ化したオブジェクトや文字を白フチで囲むことができる（図5.65参照）．ウィンドウメニューから，「アピアランス」を有効にする（図5.66参照）．右上の選択から「新規線を追加」を選ぶ．次に追加した線の太さを設定した後，追加した線を，オブジェクトや文字よりも下の層に設定する．（図5.67参照）

図 5.65　スポット名称を書く（縦）

図 5.66　白フチ - アピアランス（1）

図 5.67　白フチ - アピアランス（2）

・経路の描画

　最後に「経路」の作成について説明する．ペンツールやアンカーポイントの作成ツールを利用して，経路線を作成した後，線の設定ツール（図5.68参照，ウィンドウメニューで表示できる）で，破線を作成した．その際，角の形状を丸くすることで，図5.69の例に示すような丸い点線が作成できる．

図 5.68　経路の作成（1）線の設定

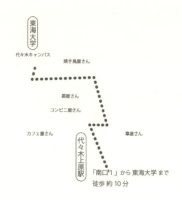
図 5.69　経路の作成（2）

・イラストマップの完成

　これまでに学んだツールを駆使して，線路や駅，その他ランドマークになる建物を描画して，図5.70に示すイラストマップの完成を目指してみましょう．

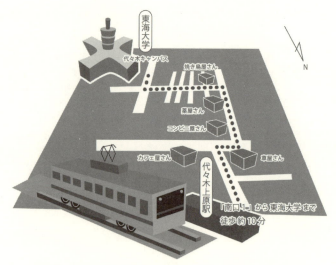
図 5.70　イラストマップの完成イメージ（図 5.17 の縮小）

第6章　観光文化のための批判的諸理論

1．節記号や象徴としての観光対象

1-1　オリジナルかコピーか

　たった1枚の写真が我々の心を魅了することがある．例えば，無数の光があたかも自らに降り注ぐように感じる満天の星空を撮影した1枚や，深緑の木々から飛び出すようにそびえ立つヨーロッパの古城を撮影した1枚，あるいはテーマパークでキャラクターの着ぐるみに抱きしめられて喜ぶ子どもの笑顔を撮影した1枚などをみれば，自然に頬が緩むだろう．一瞬に切り取られた自然や文化や人間は，いずれもが我々の心に美しさや荘厳さや癒しなど様々な感覚を与える．すると我々は，一度はこの場所を訪問してみようと考える．写真に写った風景の，その本物を見てみようと思う．こうして人は1枚の写真に動機を与えられ，休暇と資金と心の余裕が得られたならば，観光行動へと駆り立てられる．

　かつてはこの1枚の写真が，絵はがきやポスターや雑誌の切り抜きであった．プロのカメラマンがその経験と技術を駆使して撮影した渾身の1枚である．現在ではこれがソーシャル・ネットワーキング・サービス（以下，SNS）にとってかわりつつある．カメラの性能の飛躍的向上に後押しされ，誰もが特別な撮影技術を持たずとも絵はがきのような心に残る1枚を撮影できるようになったからである．いずれにせよ，いつの時代も本物やオリジナルなものを見てみたいという動機，すなわちその地へ観光をしたいという動機は，オリジナルから切り取られたコピー（1枚の写真）によって作り出されてきた．かくして我々はコピーを見ることによって自らが作ったイメージと，観光によって訪問したオリジナルのその地とを見比べるようになり，時に見比べるために観光をしながら，コピーよりも心動かされるオリジナルに出会えば感動し，コピーほどのインパクトを感じなければその観光地に失望するだろう．

　しかし，SNSによって私的な写真が大きな価値をもつようになると，奇妙な現象が起きてくる．コピーを見たことによってオリジナルを求めて観光地を訪れた観光客は，よりよい写真を撮影するために，ファインダー越しにその風景を見続け，狙った構図の邪魔となる障害物を排し，撮影の間は往来の人々を静止させる．カメラの機能によって，誰しもが現実の対象物よりも写真の色彩を豊かにし，

明暗を強調した素晴らしい1枚を撮影できる．つまり，オリジナルを見ることよりも，オリジナルを超えたコピーを作ることに力が注がれるようになるのである．ここに，オリジナルの価値とコピーの価値が逆転したような，あるいはオリジナルとコピーの区別がつかなくなるような，まさにコピーの世界が作られる．あるいは，アニメや映画を題材にしたテーマパークであれば，そもそもオリジナルのものがこの世に存在せず，オリジナルが何を指すのかがわからないため，オリジナルのないコピーだけの世界が作られるとも考えられる．ボードリヤールはこのようなコピーを「シミュラークル（simulacre）」と呼んだ[1]．オリジナルとコピーが逆転したシミュラークルの世界では，1枚の写真（コピー）に美しさや荘厳さや癒しを感じて初めて我々はその場所を訪問する動機をもち，その場所を訪問することで現実の対象（オリジナル）の美しさや荘厳さや癒しが立ち現れてくるということができる．ある対象が我々のイメージ，あるいはそのイメージを表すような記号や象徴として働くことで，我々は対象としての実在を認識することができるというのである．テーマパークの例で考えれば，記号や象徴自体が実在として認識されているのかもしれない．

　ボードリヤールの指摘は，我々に「観光を通して我々が見ているものは何なのか」という問いを投げかけてくる．かつてはこのシミュラークルは私的で個人的な観光動機を作り出していたが，人気のテーマパークに殺到する現代人にとっては，シミュラークルは多くの人が共通にもつ集合的な意識となり，イメージや，記号，象徴の集合体として人々が殺到するような場所にこそ，実在としての観光地ができあがることになる．ボードリヤールによれば，シミュラークルとはまさに現代の消費社会の1つの特徴なのである．

1-2 「聖」性としての非日常性

　観光の動機を作り出すものの一つに非日常性（the extraordinary）が挙げられる．普段，日常を過ごす我々にとって，その対象がオリジナルであれコピーであれ，そこに非日常性が認められると観光の動機が発揚する．日常と非日常とは対の関係にあることから，我々は非日常性によって日常性を抜け出すという動機を持ちうるのである．こうした対の関係に類似する関係性として，デュルケムの示した「聖」なるものと「俗」なるものが挙げられる[2]．デュルケムはオーストラリアの原住民であるアボリジニの研究において，アボリジニの日常としての「俗」（の世界）の生活と，野生の動植物の象徴としてのトーテムにみられる「聖」性が明確に区別されることを示した．この「聖」性には「俗」にない異質

性，すなわち非日常性が必要である．それゆえトーテムは現実にある「俗」に優先する「聖」性をもつことになる．デュルケムによれば，このような「聖」なるものと「俗」なるものの関係性において，集合的な意識としての宗教が成立する．つまり，宗教とはその教義や聖人がもつ特別な性質によるのではなく，日常としての現実の生活が集合的意識としての「聖」(非日常性）と「俗」(日常性）とに区別されることで成り立つ，社会的な現象なのだとしている．

　観光もまた，見るべき対象が何であるかの前に，その対象が非日常性として，日常と明確に区別されることに始まる．都会の人間にとって，ある田舎の地域の空気や水がおいしいことはその地を訪問する動機となり，それが集合的意識となれば観光客が大挙して訪問することとなる．彼らにとっては空気や水がおいしいと感じること自体が非日常性である．しかし，地域住民にとってはその空気や水は日常の中にあるので観光資源として認識されにくい．観光客もまた，空気や水をおいしいと認識する際，その成分を分析したり，環境汚染の進み具合を検査したりはしない．自らが住む都会との対比の中で，田舎の空気や水はおいしいと感じるのである．これを「聖」と「俗」の関係性になぞらえるならば，まさに空気や水の純度（対象がもつ性質や本質）よりも，都会の人間が日常的に口にする空気や水との区別（非日常性）によって，その空気と水は観光資源となっているのである．そして，空気と水のおいしさが広く認知されたならば（集合的意識)，その地は観光地となりうるだろう．ここにもまた，田舎＝おいしい空気＝おいしい水というイメージを表すような記号や象徴による観光のあり方が見え隠れする．我々は，観光の対象となるものを本質的に理解することよりも，集合的な意識をもとに，俗の世界（日常）と「聖」性（非日常性）を区別し，「聖」性の中に実態としての観光地を作り出していくのかもしれない．その点では観光とは，きわめて社会的な現象といえるのである．

1-3　異なる現実の交錯

　通常，観光とは非日常性の上に成り立つものである．しかし，これは観光客にとっての非日常性である．一方で，観光地の人々は，観光客が求める非日常性を，日常的に受容し，かつ提供しながら生活をしなければならない．なぜなら彼らは非日常性を求める観光客の来訪なくしては，生活の糧を得られないからである．つまり，観光地では同じ空間の同じ時間にありながら，かたや非日常という観光客の現実と，かたや日常という観光地の人々の現実とが混在するのである．このように日常（世界）の現実とは区別されるような，しかし同時に存在するような

異なる現実をシュッツは「限定的意味領域」(finite provinces of meaning) と呼んだ[3]. そもそも現実とは何であるか. シュッツは, 人がどのようにその対象を捉えるか, その捉え方によって現実は異なると考えた. 例えば, 前衛芸術家や芸術批評家でない限りなかなか前衛芸術の世界は理解できないし, 素粒子に関する研究者でない限りなかなか物質の最小単位が素粒子であるという実感は持てない. 同じ世界に同じ様に生きていて, かつ同じものを見ていても, それぞれに認識の仕方に違いがあれば, 個人レベルでは異なる現実を生きているといえるのである. 観光においてもまた, 同じ風景を眺めていてもそれが日常である人と非日常である人では異なる認識をし, 異なる現実を生きることになる. 特に観光の場合, 問題となるのは現実が異なるために起こる齟齬であろう.「旅の恥はかき捨て」という言葉があるように, 観光客にとっては日常では認められない恥の行動も, 旅先となればいずれ忘れられるので気にしなくともよいという論理が働く. しかし, 観光地の人々にとってはそこが日常であるために, 観光客のその恥の行動は受け入れ難いものとなるだろう.

シュッツは日常世界と非日常とを区別する際に, 日常世界を「至高の現実」と呼んだ. 観光地の人々が生きる現実は「至高の現実」であり, 観光客はその地で異なる現実を生きていることになる. しかし, さらに問題になるのは観光客もまた「至高の現実」としての日常世界をもっていることである. もし, 観光客と観光地の人々がもともと異なる恥の考え方をもっていたならば, 旅の恥がかき捨てられたところで事態はいっそう複雑になる. また, 観光客たる人々がもつ「至高の現実」としての日常世界にも, 異なる観光の現実が押し寄せる. 我々の周囲には常に観光の情報があふれ, あらゆる物事が観光の対象として認識されている. 昨日まで何でもなかった場所が, テレビドラマのラストシーンに使われたその日から, 観光客が押し寄せる場所へと変貌することがある. そもそも, 交通網の発達によって移動が容易になり,「旅に出る」などと構えることもなく, 観光自体が日常的に実行可能な行動になりつつある. すなわち, 観光の現実 (非日常性) と至高の現実 (日常性) との区別が容易でなくなり, かつ曖昧になりつつあるのである.

「俗」の世界としての日常から「聖」性としての非日常性を求めるところに観光の出発点があるとすれば, 至高の現実 (日常性) と観光の現実 (非日常性) との区別がつかなくなりつつあるという事態は, 我々に観光のあり方を根底から再考することを要求するだろう. 先に示した「観光を通して我々が見ているものは何なのか」という問いは, 現代観光においてはきわめて複雑で, 困難な問いなの

である．

2．真正性と疑似性をめぐって

2-1 本物を求めて

　かつて，『ローマの休日』という映画が一世を風靡した．今でも映画の古典に位置づけられ，多くの映画ファンが鑑賞している．その人気の理由の１つに主演女優であるオードリー・ヘップバーンの美しさが挙げられるが，もちろんそれだけではない．とある国の王妃（オードリー・ヘップバーン）が滞在先のローマでその公務に辟易として密かに城を抜け出し，街で出会った新聞記者（グレゴリー・ペック）に連れられて逃避行的にローマの街をスクーターや自動車で巡るというストーリーである．ローマはその街自体が観光資源の宝庫であることから，多くの視聴者はこの映画を通して疑似的にローマの観光を楽しむことができる．トレビの泉でコインを投げる場面，スペイン広場でジェラートを食べる場面，真実の口で手が抜けなくなるふりをする場面などは特に有名であろう．この映画の影響でローマを訪れた人は数知れない．こうした観光客の多くは，実際のシーンを自ら再現すべくローマの街を巡ることになる．彼らは映画によって得られた疑似的体験の，本物（の体験）を求めてローマを旅するのである．

　このような「本物であること」を指して，真正性（authenticity）という．マキャーネルは，疑似的な経験からその本物を求めることを「真正性の探究」（quest for the authentic experience）と述べ，観光の重要な動機であるとしている[4]．マキャーネルもまた「真正性の探究」の先に非日常性を見据えている．ここで探究される真正性とは，それ自体が本物であるかどうかということを問題にしているのではない．むしろ，「聖」なるものとして見出された集合的意識の上に成り立つような非日常性である．それゆえ，「真正なもの」ではなく性質としての「真正性」なのである．『ローマの休日』に影響を受けた観光客は，映画を通してみた本物のローマの街を見に行くのではない．彼らは映画を通して得た疑似体験を現地で追体験するという意味での，本物による疑似体験をしに行くのである．だから，彼らはスペイン広場に到着するとジェラート屋を探すし，真実の口で撮る写真は口に手を入れた笑顔の写真ではなく，口から手が抜けなくなったふりをする困惑顔の写真なのである．マキャーネルによれば，観光客にとってはその疑似体験の追体験こそが非日常性なのである．

　こうした議論の出発点に，ブーアスティンの「疑似イベント」（pseudo-event）

の概念が挙げられる[5]．ブーアスティンは「真正性」はメディアによって喪失されたものであると考えた．つまり，メディアによって我々に伝えられる現実とは，実際の現実よりもスペクタクルなものであり，これによって我々の感情さえもメディアを通じて作られているとしたのである．そして，観光もまた同様であると指摘したのである．

我々が観光に対する動機を抱くとき，それはおおよそ観光地のイメージを獲得した時である．それが1枚の絵ハガキであれ，SNSに掲載された私的写真であれ，映画であれ，我々は観光地に対してイメージを作る．そのイメージが美しかったり，荘厳であったりするからこそ，我々は観光に対する動機をもつのである．つまり，観光地のイメージは観光によってではなく，非観光的な行為によって生み出される．とりわけ，現代においては様々なメディアが作り出すイメージが，観光地を訪れる前からある程度できあがってしまう．なぜなら，我々は意図せずともテレビや新聞，雑誌，SNSなどの情報に晒され，そこでは世界中の観光地が矢継ぎ早に見せられ，語られるからである．我々は日常的に数多の疑似体験を重ねてしまっているのである．したがって，ブーアスティンは観光地を訪れたとしてもそこで繰り広げられるのはあくまでも間接的な体験でしかないと述べている．さらに，観光地の人々が観光客を楽しませることを，人為的に創造されたアトラクションと捉えている．このように，ブーアスティンは観光を徹底的に疑似的なものである考え，現実は疑似イベントに従うのであり，イメージが優先するという点において，観光の対象となる実態は存在しないとした．

マキァーネルは，真正性（実態）の喪失というブーアスティンの考え方に異を唱えた．彼はまず，ゴッフマンの表局域（front region）と裏局域（back region）の概念[6]を援用し，観光には見世物としての「表」舞台だけでなく，「裏」舞台があることを示し，そこにリアリティーが隠れているとした．マキァーネルは，ブーアスティンがこの「表」舞台の議論にとどまるがゆえに疑似性しか読み取れなかったと考えた．

一方で，観光行為が疑似的であることは否定せず，しかしそれは真正性の喪失ではなく，真正性の演出（staged authenticity）によるものであるとした．つまり，観光客は観光地に真正性を求めて訪問をするが，観光地の人々は観光客を楽しませるため，そこにある実態としての観光地よりもさらに本物らしさを強調しようと演出を加えると考えたのである．演出によって観光は疑似イベントの様相を呈するが，少なくともそこに真正性があることが前提なのである．

例えば，観光客の多い季節にローマにあるコロッセオを訪れると，そこにはグラディエーターの恰好をした大男が写真を一緒に撮ろうと寄ってくる．もちろん彼らは写真に納まると相応の料金を要求してくる．では，彼らは単に金儲けを企む人々と捉えるべきなのだろうか．仮に彼らに断りを入れコロッセオの建物を中心に写真を撮影すると，そびえ立つ茶色のコロッセオはそれだけで迫力があり満足できる．しかし，彼らに料金を払い一緒に写ると，彼らはグラディエーターらしく，たくましい肉体をみせ勇敢な表情を作る．すると，シャツ姿で映る自分とのギャップにより，その写真からあたかも1900年の時を超えてきたかのようにコロッセオから歴史の息吹が感じられるようになる．この行為自体は紛れもなく疑似的である．したがって，真正性を喪失した疑似イベントと考えることもできるし，そこに紛れもなくコロッセオの歴史が横たわっているのだから，グラディエーターと自分との対比によって，コロッセオはより本物らしく，演出された真正性をもつと捉えることもできるのである．ブーアスティンとマキャーネルの論争は，実態のある本物の観光対象を現地で直接的に経験することを前提とするか否かの相違はあれど，両者とも観光行為の本質を真正性と疑似性の観点から捉えようとする点で共通している．一方で，現代観光において観光客はもはや真正性か疑似性かを問題にしていないのかもしれない．例えばテーマパーク観光を例とするならば，観光客はシミュラークルとしてのコピーを，もはや疑似イベントだと承知の上で楽しんでいるように思えてならない．多くの研究者がディズニー化と呼ぶこの現象は，観光における新たな局面の象徴である．

3．場所のリアリティー

3-1　場所の喪失

　観光を日常生活圏からの脱出と定義づけるならば，観光とは，ある場所としての非日常の空間に赴くことを意味する．美しい景観を眺めたいと思うならば，パソコンの画面を通して見たのでは味気ない．その景観がみえる場所へと赴き，場所の空気を吸い，気温や風を感じながら自らもその景観の中に身を置くことで，景観を眺めたという実感を持つ．このように，観光の意義の1つとして，五感を使って対象となる場所を感じとることが挙げられる．観光における「場所」とは「place」であり，なおかつそこには「locality」（ローカル性）が含まれる．レルフはこのような「場所」を意義に満ち溢れた実存空間と説明した[7]．つまり，場所とは単にある空間を指すのではなく，その空間に関わる人々が思い出や歴史な

どそれぞれに意味を見出すことを含むとしている．したがって，場所とは人々の中で空間が分節化され，集合的な意味をもつ1つの世界であるとも言い換えられる．ある空間がこのような「場所性」（placeness）を備えることで，初めて場所として認識されるのである．

レルフはアボリジニがもつ空間と工業国の空間を比較し，前者が神聖で象徴的な「場所性」をもつのに対し，後者は機能と効率にもとづく「没場所性」（placelessness）をもつとした．工業国にみられる都市空間とは，まさに均質で個性がなく，「聖」性を失った極めて地理的な空間ということになる．レルフによれば，観光地とはまさにこの「没場所性」の特徴をもつのである．訪れたその場所が本来もつ場所性よりも，観光という行為とその手段の方がより重要となっているのである．観光バスに揺られながら足早に観光地を巡る行為において，観光客は安全性を重視し，ともすると客観的に遠くから対象を観察するにとどまる．とりわけマスツーリズムの発展以降は，大勢でやってきては対象を一様に観察し，皆が同じものを観光地に求めてきた．すると，似たような観光施設ができ，同質化された無機質な世界を作り出すとしている．かくして観光は，空間から場所性を奪っていくのだと述べている．

レルフもまた「ディズニー化」について論じている．我々が住む多くの場所は，人が住むからこそ暴力や対立やイデオロギーや人種上の衝突など政治的な問題をもち，住みやすさや住みにくさを生む．良くも悪くもこれが場所性なのである．しかし，テーマパークではこうしたものが一切排除され，非日常性が作られる．少なくともその周囲の場所性から切り離されることで，老若男女を問わない均質な安全性と平和な空間が確保されるのである．さらにこの空間はイメージにもとづく記号や象徴が持ち込まれることで観光地として成立し，オリジナルとして存在していたであろう場所性は失われることとなる．こうしてテーマパークは没場所性を有することになる．

3-2 観光による再場所化

一方で，こんな捉え方も可能である．都市がそうした「没場所性」をもつがゆえに，我々は農村に関心をもち，エコツーリズムやグリーンツーリズムを目指す．あるいは歴史性を喪失した町の姿を目の当たりにしているからこそ，逆に古い街並みに関心を抱く．つまり我々はリアリティーとしての「場所性」をいつも求めているのである．そういう意味では，観光とは自らが住んでいる空間の「没場所性」を，観光地の「場所性」によって補おうとする行為であると解釈できる．

これに対してアーリは，観光は場所の消費であることを指摘している[8]．マスツーリズムによって，ある場所が注目されるとそこに観光客が殺到し，一定程度観光が成立すると観光客は次なる場所を求めていく．このように場所を消費することで，観光は成り立ってきたというのである．あくまでもマスツーリズムの中ではあるが，ここでいう場所の消費の先にあるものが，あるいは場所の消費そのものが「没場所性」だといえよう．

ある種のノスタルジーと結びつくようなこうした「場所性」と「場所の消費」の概念は，少子高齢化が進む地方の過疎地域の問題を例とするとわかりやすい．こうした地域ではいわゆる地域活性化は観光振興と結びつけて考えられてきた．都市の人々を地方に向かわせる手段として，観光は魅力的でかつ経済効果が期待できる．そのために地域の資源は積極的に開発されることになる．先述したような，おいしい空気や水さえ観光資源として扱われる．それまでは生活に溶け込みつつ，住民の無意識のうちに１つ１つの生命の物語を紡いでいたおいしい水は，圏外から水を汲みにくる人によって大量に持ち出される．やがて１本100円の観光資源として観光客に均一に販売されることになり，人気が出れば取り寄せ販売に着手して全国どこからでもそのおいしい水が買えるようになる．もはや，その地にしかない水を汲みにその地を訪れる必要はなくなる．やがて，別の地域に話題性のある水が誕生し，この地域（の水）は忘れ去られる．これが「没場所性」であり，場所の消費の過程である．

ただし，「没場所性」や場所の消費が，必ずしもその場所を死に体にするわけではない．「没場所性」は再場所化の余地を作り出し，場所の消費は場所の再生産の余地を作り出す．レルフは「場所づくり」について論じる中で，場所は長い時間をかけて人々の平凡な営みによって作られるとしている．観光客は長い時間をかけて滞在するということはないが，住民たちがその場所性をつくり保つことができ，均一化でない観光のあり方を示せたならば，まさに再場所化が可能なのである．

4．観ることと観られること

4-1　観光客が向けるまなざし

観光行動とはどのようなものなのかを検討する際に，避けて通れないのがアーリの「観光のまなざし」（tourist gaze）論であろう[9]．アーリは，観光とは観光客がその対象となるものを「観る」行為，つまりはまなざしを向けることによっ

て成り立つとしている．そして，このまなざしも，集合的なまなざしとロマン主義的なまなざしとに区別できると述べている．前者はマスによるツーリズムを前提としてカーニバルのごとき高揚感を求めるものであり，後者は自分以外のマスを邪魔者として，場所のもつ崇高さに求めるものである．したがって，集合的なまなざしは，画一的な消費行動を特徴とする．ロマン主義的なまなざしは，個性化し，何かに特化するような特徴をもつ．そのため，一般的に都市には集合的なまなざしを向けることになり，農山村にはロマン主義的なまなざしを向けることになる．

「観光のまなざし」の概念は，フーコーによる医師が患者に向ける「まなざし」の概念[10]をアーリが援用したもので，観光客はそのまなざしによって観光客と観光地の人々との間に断裂を生じさせることを示した．この断絶により，観光客は近代的で，観光地の人々は前近代的であるとする二分法を再生産してしまうと述べた．すなわち，観光客は観光地の人々に対して一方的に意味を与えるのであり，ここに両者の権力構造をみてとることができる．観光のまなざしを作り出す背景には，時代，政治，経済，社会などから構成される歴史が影響する．観光が社会的な行為であるからこそ，まなざしもまた社会的に構成され，体系化されているのである．アーリはとりわけ，「観光のまなざし」を形成する社会集団と，そのような集団に対してサービスを提供する社会集団との権力構造を，ジェンダーの問題とも関連付けながら明らかにした．観光客がもつ「まなざし」に目を向け，彼らの，みえざる権力を暴き出した点，またそこから観光の持つ意味を示した点について，アーリは観光学の研究に大いに寄与したといえよう．

また，アーリの指摘で重要な点に，観光のイメージ形成に関わる議論が挙げられる．「観光のまなざし」を作り出し，これを強化するものとして映画やテレビ，文学，雑誌などの非観光行為が観光に至る夢想や空想，期待や楽しみを形成していることを指摘した．一方で，アーリに対する批判も多い．まなざしが何であるかという議論は不十分であり，アーリがフーコーから援用したのは，社会的に構成され体系化されたという点のみであるとの指摘も多い．それでも，観光における批判的理論の先鞭としての貢献は大きいといえるだろう．

4-2 感情管理社会の課題

観光産業における観光客の側の問題を指摘したのがアーリならば，観光地の人々の側の問題を指摘したのがホックシールドである[11]．ホックシールドはまず，近代的な労働としての工場労働者と，現代的な労働者としての客室乗務員に焦点を当て，この二者を比較しながら，労働が肉体労働や知的労働から感情労働へ変

化してきたことを示した．「感情労働」(emotional labor) とは，その特徴としてサービス産業における労働の中で，表面的な演技である「表層演技」(surface acting) にとどまらず，感情にまで及ぶ演技である「深層演技」(deep acting) を求められることにある（ゴッフマン参照）．ホックシールドによれば，表情や感情が産業の重要な「資源」となっており，観光産業の中では演技がそのシステムに組織的に管理されている．本来演技とは創造的なものである．しかし，ひとたびこれが産業に組み込まれ，労働として扱われると，創造性からはかけ離れてしまうのである．また，本当の自己と演じられた自己との分裂を求められているところに，いわゆるバーンアウトなどのリスクがともなうこととなる．

そもそも我々にとって感情とはどのようなものなのか．我々は常にその場面に相応しい感情を提示することを求められている．例えば，葬式では楽しいという感情はある程度押し殺さなければならない．逆に友人が出産をしたなら，無条件に喜びを表現しなければならない．これは感情規則と呼ばれるが，観光産業に限らずあらゆる労働場面においては高度に規定された感情規則が働く．したがって，現代に生きる我々は，どのような職業であるかに関わらず，まさに感情管理社会に属しているのである．それゆえ，我々は感情を解放することへの羨望のようなものさえもつといえる．近年，旅行商品に「感動」という字が頻繁に躍るのも，感動で泣かせようとする映画が多いのもこのことと無関係ではないだろう．

観点は異なるが，「観光のまなざし」論と「感情労働」の概念からみえることとして，観光客が向けるまなざしと，それを受け取る観光産業従事者の労働のあり方との関係性は，分かちがたいものであるがゆえに，現代社会においては緊迫した課題である．

4-3 前近代，近代，ポストモダン

ここまで取り上げた観光の批判的諸理論は，近代を境目に論じられてきたものが多い．なぜなら，近代に入りマスツーリズムが隆盛になったことで，観光は大きくその姿を変えたからである．その背景には，蒸気機関の発明，自動車の普及，航空産業の発展など，産業革命以降の工業化がもたらした移動の利便性向上の中で前近代から近代へと時代が移っていったことが挙げられる．さらに，近年のメディアおよびメディアに関わる技術の著しい発展の中で近代からポストモダンへと時代が移ってきたことも挙げられる．

マスツーリズムはその破壊性がよく注目される．観光客が大量に押し寄せた観光地では，環境破壊が起こり，文化変容が起こる．場所は消費され，場所性は失

われていく．こうしたときに，「観光のまなざし」はその力をより強く発揮する．観光客と観光地の人々との断絶は大きなものとなり，観光客はますますその欲望を拡大させる．観光のまなざしは，それを向けた対象から今まで向けられていなかった対象へと拡大し，その欲望は観光地から人間関係へと，さらに自己の成長や癒しなどに拡大して心的な経験へと進んでいく．すなわち，観光の欲望は外的要因によってのみならず，観光客の集合的意識として共有されるような内的要因によっても形作られ，それが観光地形成の後押しをしてきたといえる．その過程において，観光の欲望は画一的なものから，個性的なもの，内面的なものへとその範囲を拡大してきた．ここにアーリのいうポストモダン的な観光が登場してくるのである．そこではオリジナルとコピーの区別がつかなくなり，聖と俗，すなわち非日常と日常の区別が曖昧になり，至高の現実と観光の現実が交錯するのである．集合的なまなざしの欲望が，ロマン主義的なまなざしの欲望を推し進めるようになる．しかし，いかなる時代でも観光は疑似的であって，観光地の人々は演出的である．そしてそこにまた観光のまなざしが向けられていく．このようにして，観光文化の本質を捉えようとする諸理論は相互に密接にかかわっているのである．

5．観光文化研究の一例として—ボルネオ島ロングハウス観光—

5-1　イバン族

　東南アジアの島嶼部に位置するボルネオ島（英名：インドネシア名はカリマンタン島）は，北部がマレーシアの2州とブルネイ・ダルサラーム国，南部がインドネシアの5州からなる．島の大部分は熱帯雨林で覆われており，世界最大の花であるラフレシア，食虫植物のウツボカズラ（図6.1），テナガザルやテングザル，カニクイザル（図6.2），ボルネオオランウータンなど希少性の高い動植物が多数生息している．その豊かな自然によって，北部のキナバル自然公園とグヌン・ムル国立公園は世界遺産（自然遺産：いずれもマレーシア）に登録されている．

　1970年代初頭までは登山家や自然愛好家あるいは研究者の訪問地であったが，1972年にマレーシア政府観光局が設立されると，ボルネオ島は観光資源として注目されるに至り，徐々に観光客が増加した．さらに，マレーシアにコタキナバル国際空港，インドネシアにセピンガン国際空港が完成すると，ヨーロッパ人を中心に観光客が飛躍的に増加した．当初は自然資源に向けられた観光客の目は，や

図6.1　ウツボカズラ

図6.2　カニクイザル

がて新たな関心を求めて文化資源へと向けられていった．とりわけ政府観光局が積極的に開発しプロモーションに力を入れたのが，ボルネオ島の原住民族の生活を体験する観光であった．

　ボルネオ島には古くから焼畑や稲作を主たる生業としてきた民族がいる．かつて彼らは田舎の人を意味するダヤクと総称され，海岸部に住む海のダヤク，内陸部に住む陸のダヤクなどに区別されていたが，1920年代頃からそれぞれ民族名称であるイバン族やビダユ族という呼称が使われるようになった．最も人口が多い民族はイバン族で，マレーシアのサラワク州を中心に，ボルネオ島北部から西部にかけて広く居住している．

　イバン族は他のいくつかの民族と同様に，高床式のロングハウス（長屋）に住み（図6.3），首長を中心に多くの家族が共同生活をしながら，胡椒や米の栽培，狩猟をして暮らしてきた．また，かつて首狩りの風習をもっていた民族としても知られている．これは男性の成人儀礼（initiation）である．男性は15歳以降，ベジャライと呼ばれる旅に出て，3つ以上の首級を持ち帰ることで成人したとみなされ，求婚の権利，すなわち家族と財産を得る権利を手にすることができる．首級は種子が詰まったものであると考えられていたため豊穣を意味し，集落の繁栄のためにも3つの首級が必要だったのである．各部屋の前には世帯主の名誉を表すものとして獲得された首級が飾られ，次期首長を選ぶ際には選考基準の一つとなった．一般的には1970年代中頃までベジャライが実施されていたといわれる．

　1980年代まではイバン族の主な収入源は胡椒とゴムであったが，1980年代からロングハウス訪問を目的としたヨーロッパからの観光客が増加すると，こうした

図6.3 ロングハウス

観光客から受け取った謝礼が直接収入となり，彼らの主な収入源へととってかわった．1990年代には多くの集落に電気が通り，観光収入を元手としたテレビの普及や立地の問題による衛星放送の普及が進んだ．1991年にはサラワク州に芸能観光および文化保存の拠点として「サラワク文化村」を建設するなど，国が民族文化の保護と，ロングハウス滞在の観光化に取り組み始めた．2000年にはサラワク州内のグヌン・ムル国立公園が自然遺産として登録されるなど，政府の観光政策が一定の成果をあげてきた．観光政策の内，最も重要な取り組みは現地人ガイド同行が義務付けである．これはマレーシア国内のマレー人保護を目的とした「ブミプトラ政策」の一環でもあった．

5-2 ロングハウス観光

　サラワク州の州都クチンや，第2の都市シブから出発するツアーの特徴は，数時間の車移動ののち，ロングボートと呼ばれる木製の細長い小型ボートに乗ってさらに数時間にわたり川を遡って，イバン族のロングハウスにおいて「原住民」生活を体験することにある．通常は1泊ないし2泊で実施される．ロングハウスに到着すると，まずは館内の案内を受け，用意してあった首長への手土産（タバコなど）を渡して挨拶し，胡椒摘みや吹き矢体験，闘鶏などを体験する．夕方になると食事の準備が始まる．観光客はたいていロングハウスを繋ぐ渡り廊下兼広場であるルアイ（図6.4）で談笑をしている．食事の時間になるとすべての家族がルアイに集まり，観光客とともに食事をとる．食後にはトゥアと呼ばれる蒸留酒が振る舞われ，歓迎の宴が始まる．民族衣装をきた子どもたちのダンスに始まり（図6.5），最後は首長が登場し，観光客と共にダンスを踊って終了となる．夜

図6.4 ルアイ（共用スペース）

図6.5 歓迎のダンス

図6.6 蚊帳での睡眠

は蚊帳が用意される（図6.6）．翌朝は朝食を食べ，午前中にルアイで過ごした後，集落を出て街に戻ることとなる．

1990年代のロングハウス観光は政府観光局が本格的なプロモーションを始めてまもなく，観光客はヨーロッパ人が中心で，日本人の来訪者は少なかった．イバン族にとってはまだ手探りの受け入れであったことから，丁寧な歓迎が繰り広げられたが，来訪者の人数は抑制されていた．集落にとっては副収入の域を出ておらず，生活の余剰と考えられていた．ヨーロッパでも，上級者向けの隠れた観光としの位置づけがなされていた．また，法律に従い，すべての観光にガイドがつけられ，ガイドの地位が向上した．

2000年代になるとインターネットの普及により，政府観光局もウェブを活用し始めた．政府観光局のホームページには，首狩族としてのイメージを強調するた

図6.7 ビレクでの食事

め,レプリカではあるものの首級を並べたイバン族の写真が使用され,観光客に大きなインパクトを与えた.プロモーションは世界規模となり,多くの人に知れ渡るようになったが,インターネットの活用により個人旅行としての観光客も急増した.観光としての形態ができあがり,観光客の禁止事項が明示された.一方,ガイド不足に陥ったため,ガイドを通さない直接訪問者が増加した.これにより,ガイドのマージンがなくなり集落の収入が増加,多くの集落でロングハウス観光の収入が生活の基盤となっていった.

2010年代になると,観光客の慣れと,関心の多様化により,著しく観光客離れが進んだ.すでに収入源を農業に戻す集落が増え,観光客への対応も著しく雑なものへと変化した.それまでは禁じられていた観光客によるビレク(各家庭)への訪問が自由となり,首長と観光客がともに食事をとることができるようになった(図6.7).

このように,ロングハウス観光はわずか二十数年の間に,近代化と文化変容に巻き込まれながら,観光資源化から衰退までを駆け抜けている.本章で取り上げた批判的理論の実践の場として,ロングハウス観光を分析したい.

5-3 分析

①サラワク文化村におけるシミュラークル

文化保存と観光促進を目的としたカルチュラルビレッジでは,いわゆるコピーの展示がされている.オリジナルのためのコピーと位置づけられるが,実際のロングハウスに比べ管理が行き届いているため,観光客は短い滞在時間でも1泊の

ロングハウス観光よりも多くの体験ができる．また，ロングハウス観光に関わる模造品が大量に販売されている．ロングハウス観光に参加する観光客数は来場者数の1割に満たないとのデータから，オリジナルとコピーの逆転がみてとれる．

②ロングハウス観光にみられる「聖」性と限定的意味領域
　1990年代と2000年代には非日常領域（ルアイ）と日常領域（ビレク）が明確に区別されるとともに，2000年代には観光客の禁忌が示されたことで，「聖」性＝非日常性が維持された．一方，2010年代にはビレクが公開されるなど，非日常と日常の区別が曖昧となり，観光客もまた日常世界を持ち込むことが可能となっていた．すなわち，「至高の現実」と観光の現実との区別も明確でなくなっている．

③ロングハウス観光の疑似性と真正性
　ロングハウス観光においては，政府観光客のデモンストレーションの成果もあり，首狩り族としてのイバン族のイメージ形成がされていた．ホームページには，多くの首級を持つ首長が写り，恐怖心と好奇心をあおるような形をとっている．また，サラワク文化村での文化の展示も各民族の特徴を示すとともに，明確な首狩りのイメージが作られていた．演出としての疑似性は広範にみられた．とりわけ，1990年代と2000年代の調査では，ロングハウスにレプリカの首級が飾ってあり，それを本物と称することでイメージの強化がみてとれた．一方で，1990年代と2000年代では，吹き矢体験が民族衣装を着て実施されていたが，2010年には民族衣装がなく，的が発泡スチロールに簡素化されていた．演出的な要素は2010年代に入り，急速に縮小されていた．

④ロングハウスの場所性
　2000年代の観光客の増加から，2010年代の観光客の減少は，モダンからポストモダン的な観光のあり方への変化として，場所の「著しい」消費として読み取ることができよう．同時に，ロングハウス観光に取り組む前の場所性から，1990年代以降，観光の収入へと傾いていく中で，典型的な意味での没場所性がみてとれる．一方で，2010年代以降の農業への再シフトは，イバン族にとっての再場所化への一歩をなすことが期待される．

⑤イバン族へのまなざし
　当初からヨーロッパ人，とりわけドイツ人やフランス人が多くみられた．この

2か国はアジアにおいてはほとんど植民地を持たなかった国であることがわかる．1990年代から2010年代まで，来訪者で最も多い地域はヨーロッパであった．来訪者の動機は多くがテレビでロングハウス観光をみたという例であり，まさに事前にイメージ形成がなされ，ロマン主義的なまなざしのもと，観光を通してそれが強化される様子がみてとれる．彼らは多くの模造品を購入し，珍しいもの，奇異なものとしてのまなざしが向けられていると考えられる．ロングハウス観光はガイドを通じた観光であり，第三者たる文化の仲介者（cultural mediator）による特殊な観光形態をとることから，明確な権力構造を見出すことは困難であろう．ガイドが不足した2000年代でもそれは同様であった．

5-4 まとめ

　イバン族のロングハウス観光において，先述の概念の多くがみてとれた．とりわけ注目されるのは，アーリによる場所の消費の概念である．本調査における1990年代，2000年代，2010年代は短いスパンではあるものの，2000年代のマス的な観光客増加により，興味が集中し，文化が消費される過程が顕著にみてとれた．また，場所の消費によって「聖」性が失われていることもみてとれた．2010年代には食事の場所がルアイから，首長のビレクへと変化したことからも，非日常性と日常性の曖昧化は集合的意識の表象として，空間の解放に即して可視的に表れていたといえよう．こうした空間利用の変化は，没場所性として読み取ることも可能である．このように，ロングハウス観光のような文化観光を事例とした場合，批判的諸理論は複合的な関係のもとに重層的に表象されることがわかる．

　観光文化に関わる学習においては，演繹的であれ，帰納的であれ，理論の学習とともに実践としてのフィールドワークや調査等に取り組むことが，問題の全体像を把握するための近道であろう．フィールドに立ち，「観光を通して我々が見ているものは何なのか」「誰がどのようにその観光の対象を見ているのか」といった本質的な問いを繰り返すとき，我々は観光のあり様，観光に関わる社会や文化のあり様，世界や人間のあり様を考える，ようやく入り口に立つのである．

　なお，本章で参考にした文献はすべて邦訳のあるもので，文化人類学，社会学，地理学，哲学など多岐にわたるが，それぞれが観光文化に関わる学習や研究の重要かつ基礎的なテキストとなるものである．

第6章 注

1) ボードリヤール，ジャン（竹原あき子訳），1984年，『シミュラークルとシミュレーション』，法政大学出版局．

2）デュルケム，エミール（古野清人訳），1975年，『宗教生活の原初形態（上）』，岩波書店．
3）シュッツ，アルフレッド（森川眞規雄，浜日出夫訳），1980年，『現象学的社会学』，紀伊国屋書店．
4）マキァーネル，ディーン（安村克己，須藤廣ら訳），2012年，『ザ・ツーリスト―高度近代社会の構造分析―』，学文社．
5）ブーアスティン，ダニエル（星野郁美，後藤和彦訳），1964年，『幻影（イメジ）の時代―マスコミが製造する事実―』，東京創元社．誠信書房．
6）ゴッフマン，アーヴィング（石黒毅訳），1974年『行為と演技―日常生活における自己呈示』，誠信書房．
7）レルフ，エドワード（高野岳彦，石山美也子ら訳），1991年，『場所の現象学―没場所性を超えて―』，筑摩書房．
8）アーリ，ジョン（吉原直樹，末良哲ら訳），2003年，『場所を消費する』，法政大学出版局．
9）アーリ，ジョン（加太宏邦訳），1995年，『観光のまなざし―現代社会におけるレジャーと旅行―』，法政大学出版局．
10）フーコー，ミシェル（神谷美恵子訳），2011年，『臨床医学の誕生』，みすず書房．
11）ホックシールド，アーリー（石川准，室伏亜希訳），1983年，『管理される心―感情が商品になるとき―』，世界思想社．

第7章　オリンピックというイベントと観光・ツーリズムの可能性
——2012年ロンドン大会のレガシー戦略から2020年東京大会への視点を探る

1．はじめに

1-1　対象と課題設定

　2016年は四年に一度のオリンピックイヤーであり，南米初のブラジル・リオデジャネイロで，第31回夏季オリンピック大会が2016年8月5日〜21日の17日間，続いて第15回夏季パラリンピック大会が9月7日〜18日の12日間にわたって開催された．そしていよいよ来たる2020年には，東京オリンピック・パラリンピック競技大会が開催される．リオ大会の閉会式セレモニーでは五輪旗が東京都知事に引き継がれ，またすでに日本社会の各方面でも開催準備の取り組みが加速している．この2020年東京大会が参照すべき先行モデルとして位置づけられてきたのが，2004年アテネ大会でも2008年北京大会でもなく，2012年ロンドン大会であった．そこで本章では，オリンピックという世界最大級のメガイベントをテーマに取り上げながら，観光・ツーリズムの可能性（ポテンシャル）について考察していきたい．具体的には，近年クローズアップされてきた「レガシー」(legacy) という主題に注目しつつ，2012年ロンドン大会におけるレガシー戦略とはどのようなものか，またそこで観光・ツーリズムが果たした役割や可能性について考察していくこととする．さしあたり本章の構成について，具体的な課題とともに提示しておきたい．

　まず，21世紀のオリンピックで「レガシー」が課題となった背景とはどのようなものかという点について，近代オリンピックの誕生からのプロセスを振り返りながら解説していく（第2節）．次に，2012年ロンドン大会に焦点を当てる前提として，それが2020年東京大会の招致・開催の先行モデルとなった経緯を確認したうえで，ロンドン大会のレガシー戦略がどのように実施されたのかという点について，全体像および実施プロセスの検討を行う（第3〜4節）．そのうえでレガシー戦略のインパクトや意義も含め，ロンドン大会に対する評価について検討を進めていくが（第5節），その際，「観光・ツーリズム」の要素が重要な役割を果たしていると考えられることから，本章の後半ではこの点についてクローズアップしながら観光・ツーリズムの可能性を考えていくこととする（第6節以下）．

　日本の文脈に目を向けるとき，エンブレム問題をはじめ，新国立競技場など競

技会場の相次ぐ見直し，また開催費用をめぐるコスト問題など，迷走の軌跡をぬぐい去れていない．その中で2020年東京オリンピックの開催に向けて，一定の有効な視点やヒントを提示してゆくことが，本章の背景的なねらいである．またこの課題をとおして，イベントと観光・ツーリズムが現代社会でどのような貢献を果たし得るのかを考えることとしたい．

1-2　方法・アプローチ

なお本研究を進めるうえで，過去数年間にわたり英国ロンドンでの資料調査とフィールドでの現地調査を伴うリサーチを行っている[1]．また資料は，2012年ロンドン大会の準備プロセスで公表された一連の刊行資料とともに，"Inspired by 2012" をはじめとする大会開催直後の事後評価報告書などを主な対象とし，現状の動向については官民のメディア報道などで補完した．並行して大会開催に伴いロンドン東部，特にメイン会場の周辺エリアがどのように変化したのかという観点から，2011～2016年の夏季期間に現地訪問による定点観測を実施し，地元関係者へのヒヤリングのほかオリンピックパークを訪れる地域住民に対してアンケート調査を行うなど，フィールドワークの成果も取り入れた．また上記一連のリサーチに伴う事実を理論的に整理する視点としては，社会学的方法を援用している．

2．オリンピックと「レガシー」（legacy）

まず21世紀のオリンピックで「レガシー」が重要な課題として問われるようになった背景と意義について検討していこう．

2-1　近代オリンピックの誕生

そもそも近代オリンピックとはどのようなイベントであるのか．その誕生からのプロセスを簡単に振り返っておきたい．よく知られるように近代オリンピックは，19世紀末にフランスのピエール・ド・クーベルタン男爵の発案によって誕生した．記念すべき第1回大会は1896年，かつて古代のオリンピア祭が行われていたギリシャの首都アテネで開催され，それ以降4年ごとに国際スポーツの祭典として開催されてきた．クーベルタン男爵はオリンピックの発案に際し，1889年のパリ万国博覧会の実経験に着想を得たといわれており，このため草創期の第2～4回オリンピック大会は万国博に付属した運動会のように行われた[2]．やがてオリンピックは20世紀のうちに回を重ね，世界各国が集うインターナショナルなイ

ベントとして定着した.

　当初,クーベルタンの思い描いた「オリンピズム」の精神には,心身のバランスの取れた理想的な人間像とともに,国際スポーツの場における各国の若者の交流と相互理解が国際平和に結びつくというコスモポリタニズムの夢があった.けれども現実のオリンピックでは,万国博をモデルとした経緯からも伺われるように,近代国民国家の枠組み（単位）を前提としながら各国の代表選手や代表チームが参加して競い合うという形式を取っており,このためスポーツ競技での勝敗やメダル獲得数,あるいは大会開催の招致合戦や盛大なメガイベントの演出ぶりが,やがて国家間の象徴的な覇権の競い合いに結びつくこともくり返されてきた.例えば,映画『民族の祭典』で知られるナチス・ドイツの1936年ベルリン大会は典型的な事例であるし,第二次大戦後の冷戦下で東西両陣営が行ったボイコット合戦のように,オリンピックがナショナリズムに伴う国際的緊張の場へと転化することもあった.他方,1964年東京大会や1988年ソウル大会などのように,経済成長とともに国際的プレゼンスを高める局面で開催された新興国型のケースでは,オリンピックがナショナリズム高揚をエネルギー源として開催を実現・成功させていった側面もあったといえる.その意味ではオリンピックは,世界各国が集う国際スポーツの祭典として国際協調の夢を伴う一方,ナショナリズムに由来するエネルギーを（よくも悪しくも）巻き込みながら,20世紀のメガイベント史を飾ってきたのである.

2-2　21世紀の課題としての「オリンピック・レガシー」

　こうしてオリンピックは,19世紀末に国際スポーツの祭典として誕生し,20世紀をつうじて開催地域を世界中に広げながら発展を遂げてきた.実際,過去のオリンピック大会を含むメガイベントについて世界地図上で一望すると,開催・立候補都市は,まず西欧から北米へ,やがて東アジアや中南米・オセアニアへと,経済成長の地理的拡大を追いかけるように広がりを見せていく[3].ところが20世紀後半になると,オリンピックの存在意義をゆるがすような問題群が表面化することとなった.具体的には,1984年ロサンゼルス大会以降の商業主義化とそれに対する批判をはじめ,大会開催に伴う環境負荷の問題や招致都市の赤字開催,さらにIOCスキャンダルやドーピング問題に至るまで,いずれも無視できない影響をもつ問題群が生じたのである.今やメガイベントへと成長して開催規模もふくれ上がり,さまざまな影響やインパクトを引き起こす中で,はたしてオリンピックを存続することに意味があるのか,といった疑問まで浮上したのである.

これに対して21世紀に入る局面で，IOC国際オリンピック委員会が提起したのが，「レガシー」という課題でありコンセプトであった[4]．その意図するところは，〈よいレガシーを残す限りにおいてオリンピックの開催と存続には意義がある〉というメッセージであり，その意味でレガシーとは，21世紀のオリンピック存続に正当性を与える大義としてのコンセプトとして理解することができる[5]．
　一般に，「レガシー」(legacy)とは「遺産」として日本語に訳される語であり，ラテン語の"legatus"を語源とし，古代ローマ時代にキリスト教の布教後に残される技術・文化などの文明的遺産のことを指す，という由来をもっている[6]．これに対して「オリンピック・レガシー」は，オリンピック・パラリンピック競技大会の開催後にどのような「遺産」が残されるか，ということを指している．例えば，①スポーツ施設や交通インフラ，都市計画などの「有形のもの」（ハード）と，②文化的価値の創造・再発見やボランティア，ナショナルプライドなどの「無形のもの」（ソフト）があり，IOCの想定ではこれを「スポーツ」「社会」「環境」「都市」「経済」の五分野にわたって評価していこうとするものである[7]．それは要するに，オリンピックという世界最大級のメガイベントの開催によって，スポーツ分野だけではなく，それ以外の多様な次元での影響が想定される中で，どのようにポジティブなインパクトを期待できるかという観点から提起された評価軸であったといえる．
　かくしてIOCの主導でオリンピック開催のインパクトに関する調査研究「オリンピックゲームズ・インパクトスタディ」が進められた．その結果，2003年の『オリンピック憲章』の第一章に，「IOCの役割は，オリンピック競技大会のポジティブなレガシーを開催都市および開催国に残すことを推進することにある」("The IOC's role is to promote a positive legacy from the Olympic Games to the host cities and host countries")と明記されることとなった[8]．IOCのレガシー構想とは，正確にはオリンピック開催都市の招致決定が大会開催の7年前であることから，その招致決定に先立つ2年前からオリンピック開催後3年までの最大12年間を見すえ，オリンピック開催後に開催都市に何が残されるかを評価しようというものである．そのねらいは，オリンピックの開催を一過性のイベントに終わらせるのではなく，その「持続的な効果」が開催国や開催都市，およびそこに生きる人々に残ることを推進したものだといえる．
　そうするとまさにこの時点から，21世紀のオリンピック開催には新たな意義が伴うことになる．なるほどオリンピックの開催期間は，開会式と閉会式セレモニーを入れてもせいぜい約2週間ほどであり，パラリンピックの開催期間を含めて

も約1か月半という短いお祭り期間にすぎない．ところがレガシーという課題がオリンピックの存在意義として出現したことによって，「オリンピック開催によりよいレガシーを残せるのか」，いいかえると「ポジティブなレガシーとして何を実現したいのか，開催後に何を残せるか」という課題が明確に浮かび上がってきたのである．それはオリンピックというメガイベントの開催が，それ自体として「目的」であると同時に，開催後に築かれるべき何ものかにとっての「手段」でもあること，つまり一過性ではなく中長期的なスパンでレガシーを実現するための「手段」でもある，という次元を明示的に帯びてきたことを意味しているといえる．その意味では後述するように，レガシーという課題の登場によって，オリンピックは国際スポーツの祭典という原点から一定の飛躍を遂げ，"活用型イベント"としての性格を強めることとなったのである．

3．2012年ロンドン大会のレガシー戦略

　そこで本節では，特にレガシー戦略の側面をクローズアップしながら2012年ロンドン大会の検討を進めていこう．

3-1 「ロンドンから東京へ」──2020年東京大会の先行モデル

　まずそれに先立ち，2012年ロンドン大会が2020年東京大会の先行モデルとなった経緯を確認しておく．前述のとおり，2003年にIOCの『オリンピック憲章』に「レガシー」の推進が掲げられたとき，まさに立候補から招致選考プロセスにあったのが第30回夏季オリンピック大会であった．2005年7月のIOC総会において，ロンドンがパリを逆転して招致レースに勝利をおさめ開催権を獲得したことはよく知られるが，その理由としては，ロンドン東部の再開発と結びつけた招致計画とレガシープランの趣旨が高く評価された点が指摘されている．つまり2012年ロンドン大会は，オリンピック史上はじめてレガシープランを招致段階から本格的に位置づけた大会であったといえる．

　そしてロンドン大会の開催決定からわずか2か月後の2005年9月，次期大会の招致に向けて新たに立候補を表明したのが東京都であった．2016年大会の招致レースでは一度失敗したものの，2013年9月，東京がマドリードをおさえて2020年大会の開催決定を獲得したことは記憶に新しい．その際，オリンピックを招致・開催するうえで参照すべき先行モデルと位置づけられたのが，2012年ロンドン大会であった．

「ロンドンから東京へ」という継承関係については，①ロンドン市長のケン・リヴィングストン（当時）による「ロンドンプラン」を参考に，東京都が世界都市ロンドンをモデルとして都市開発の研究会を開催していた点（石原都知事のもとで1999〜2003年まで副知事を務めた青山やすし氏が座長），②また関連して「ロンドンプラン」と東京都の都市開発，ならびにオリンピック招致活動との関わりが当事者の発言として公開されている点[9]，③そのほかロンドンの「史上最もコンパクトな大会」にならい東京が「世界一コンパクトな大会」を謳ったように，コンパクトシティを意識した会場エリア案の同型性や，④首都中心部をめぐるマラソンコース設置の同型性・類似性に見られるように，直接かつ間接的なさまざまな根拠によって強く傍証されるところである．さらに，⑤2015年10月には東京都がロンドンと友好都市提携を結び，オリンピックやラグビーのワールドカップなどメガイベントの開催・運営面のノウハウを学ぶ協力体制を強化したことに示されるように，「ロンドンから東京へ」という継承関係は，東京都や大会組織委員会など当事者アクターにおいても自覚的に意識されることが多い[10]．このように考えると2012年ロンドン大会は，単なる過去のオリンピックと同列のケースではなく，2020年東京大会にとって特別な意味をもつ先行モデルであるという点を再認識しておく必要があるだろう．

　すでに現在，2020年東京大会の開催が決定してから3年以上が経過している．その中で特に湾岸エリアのマンションやオフィスビル，ホテル開発をはじめ，道路や鉄道も含めた都市開発の動向はめざましく，民間の取組みも活発化している．しかし日本で開催された前回1964年の東京オリンピックが，対外的には「戦後復興」と「平和国家」日本を国際社会に対してアピールする機会として，また国内的には高度成長期のシンボルとして国民の記憶に残っているのに対して，2020年の東京大会がいかなるテーマを軸に開催されるのかは，現時点で必ずしも明確ではない．しばしば「成長」に対する「成熟」というテーマ性の対比もなされるが，エンブレムをめぐる混乱や国立競技場をはじめとする競技会場の見直し問題が象徴するとおり，いまだ明確な統一的テーマやコンセプトが共有されていないのが現状であるとすれば，「はたして2020年東京オリンピックは何を目指そうとしているのか」「われわれが実現し残そうとしているポジティブなレガシーとは何であるのか」という点を問い直すことが喫緊の課題となってくる．この課題を考えるとき，あらためて参照すべき重要な先行モデルとして立ち現れるのが，2012年ロンドン大会の事例である．

> ① イギリスを世界トップクラスのスポーツ大国とすること
> ② ロンドン東部の中心を変革すること
> ③ 若者世代を鼓舞（inspire）すること
> ④ オリンピックパークを「持続可能な生活」（sustainable living）の青写真とすること
> ⑤ イギリスが居住・訪問・ビジネスの面で創造的・包摂的で人々を歓迎する場であることを示すこと

(出典) DCMS[2008]

図7.1　レガシー・アクションプラン

3-2　2012年ロンドン大会のレガシープラン

　では，ロンドン大会のレガシー戦略とは，具体的にどのようなものだったのだろうか．まず公式文書をもとに確認しておきたい．2007年に公表された「レガシー・アクションプラン」には，次のとおり5つの目標が掲げられている（図7.1）．
　その特徴を確認しておこう．まず国際スポーツの祭典というオリンピックの性格上，①「スポーツ大国化」という論点はわかりやすく明確なメッセージであるし，③「若者を鼓舞（inspire）する」というキーワードが前景化している点についても，合わせて理解しやすい印象を与えるかもしれない．これに対して，②「ロンドン東部」や④「オリンピックパーク」というキーワードがクローズアップされている点は，注意をさし向ける必要がある．一見スポーツイベントとは直接関係がないにもかかわらず，レガシープランに正面から提示されているという事実は，メイン会場エリアのオリンピックパークとそれが位置するロンドン東部の変革という主題の重要性をよく物語るといえるだろう．
　さらに論点④に注目すると，そこには「青写真」（blueprint）というタームが出てくるように，オリンピックパークに「持続可能な生活」（sustainable living）を可能にする空間を築こうとの意図を見出すことができる．「持続可能な生活」とは今後目ざすべき望ましい未来社会のイメージであるとするなら，レガシープランには，イギリスが見すえる未来社会の構想をオリンピックパークという場所に実現していこうというねらいが描かれていることになる．以上で検討したレガシープランの趣旨について，空間戦略の観点から捉え直してみよう．そうすると，（Ⅰ）オリンピックのメイン会場エリアからロンドン（東部）へ，（Ⅱ）そしてそれを核にイギリス全体（論点⑤）へと成果を波及させていく，という戦略的なストーリー構成が浮かび上がってくるといえるだろう．このように確認すると，あらためて出発点となる「ロンドン東部」というエリアの戦略的な重要性を確認できるはずである[11]．
　ではなぜ，そもそも「ロンドン東部」というエリアがこれほどクローズアップ

されているのか．この点は，少しばかり説明の補足が必要である[12]．今ではよく知られるように，2012年ロンドン大会のメイン会場エリアとして予定されたのは，ロンドン東部ストラトフォード地区のロウアー・リー・バリー地域である．この地域は，長らく産業廃棄物の集積地として荒廃し，移民と労働者が暮らす貧困地区が周囲に広がっていた．このテムズ川沿いのロンドン東部は，かつて18～19世紀という近代社会の成立期に，植民地の世界的拡大や産業革命に伴い，大量の物資が一大消費都市としてのロンドンに水運輸送されることから，とくに19世紀以降，積み荷を陸揚げする船着き場や港湾（ドック）が密集し，周辺地域には倉庫やそこで働く肉体労働者たちのコミュニティが形成されるようになった．これがいわゆる「イーストエンド」と呼ばれるロンドン東部・テムズ川周辺地域の歴史的背景である．

　その後20世紀半ばを過ぎ，第二次大戦後の植民地解放と移民流入の局面を経て，いわゆる移民と労働者の暮らす地域として定着するとともに，水運・物流システムの転換によってすべてのドックが閉鎖され，周辺エリアの衰退が顕著になっていった．このため特に1980年代以降，日本でも有名となったいわゆる"ドックランズ再開発"が本格的に開始されたのである[13]．今ではシティに次ぐ金融街として，ガラス張りの高層ビルで有名なカナリー・ワーフもここから誕生し，またこの駅を拠点にロンドン東部につぎつぎと延伸されていった鉄道（ドックランズ・ライト・レイルウェイ，略称DLR）は，ドックランズ再開発の輝かしいシンボルとして現在もますます好調な運営を続けている．

　他方，21世紀のロンドン市にとって，特に移民と労働者の暮らす貧困エリアをはじめ，イーストエンドを取りまく地域の暗鬱な状況は，ドックランズ再開発の「未完の作業」として残されていた．ロンドン市は当時，ケン・リビングストン市長（当時）のもとで「ロンドンプラン」（2004年）という都市計画を取りまとめ，環境保護や社会的包摂と経済成長とを両立させながら「持続可能な世界都市」を目指していたことから，その中でロンドン東部ストラトフォード地区を一例に挙げ，交通インフラの改善や健康・教育の向上，居住・雇用機会の創出をつうじて地域住民の生活向上に資することを表明したのである．

　その際，まさに絶妙なタイミングで結びついたのが，オリンピック招致という文脈であった．ロンドン市にとっては，ストラトフォードをはじめとするロンドン東部（イーストエンド）の変革に際し，オリンピック開催はその実現を加速させる「起爆剤」（catalyst）になると位置づけたのである．それは時同じくして2004年，IOCが開催都市の選考基準として，いかに都市計画の中にオリンピッ

ク開催とレガシープランを位置づけているかを指標に盛り込んだタイミングであった.

　このような経緯を受けてロンドン市は，2005年にIOCに提出した「立候補ファイル」の中で，ロンドン東部のメイン会場エリアを中心とする地域に，オリンピック開催のレガシーが残されること——具体的には，①スポーツ施設や競技場などのスポーツインフラをはじめ，②魅力的な居住空間とコミュニティ，③持続可能な自然環境，④十分な経済効果が残されること——を説得的に表明したのである[14]．そして2005年7月のIOC総会では，ロンドン東部の再開発とオリンピック開催のレガシーを効果的に関連づけた点が高く評価され，第30回夏季オリンピック大会のロンドン開催が決定したのである．この点については前述のとおりである．

　以上のように，長年にわたるドックランズ再開発の文脈を想定するとき，ロンドン大会のレガシープラン（図7.1）の内容について，その必然性がより明確に浮かび上がってくるだろう．なお補足すると，論点⑤の〈イギリス全体を魅力的な「居住・訪問（集客）・ビジネス」の場として世界にアピールしていこう〉というねらいは，さらに掘り下げるべき興味深いニュアンスをもっているのだが，この点については本章の後半であらためて言及する．

3-3　レガシー戦略の実施プロセス

　それでは，以上で検討した2012年ロンドン大会のレガシープランは，実際にどのような形で実行に移されたのだろうか．ここではレガシープランの戦略的な遂行面も含めて「レガシー戦略」と呼び，2012年ロンドン大会におけるレガシー戦略の実施プロセスについて具体的に検討しておきたい．

　ここでキーワードになってくるのは，「持続可能性」（sustainability）と「レガシー」（legacy）である．ロンドンオリンピック・パラリンピック大会は，2012年7月27日〜8月12日の17日間，および8月29日〜9月9日の12日間にわたり開催された．この約1か月半を「開催中」とすると，それをはさんで「開催前」と「開催後」という三つの局面に分けることができる（図7.2）．以下では，時間軸に沿ってそれぞれの局面を確認していこう．

　第一に，「開催前」の局面である．ロンドン大会では前述のとおり，オリンピックパークを中心にロンドン東部の再開発と持続的発展をおし進める点をレガシープランの大きな柱としていた．ここで注目すべき点の一つは，「最も環境に配慮した大会」を実現しようとする動向であった．例えば，①かつて産業廃棄物の

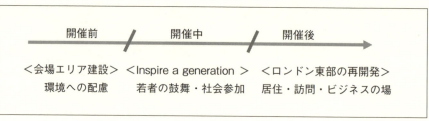

図 7.2　レガシー戦略の実施プロセス

集積地だったロウアー・リー・バリー地域の汚染土壌の洗浄にはじまり，②スタジアムはできるだけ既存施設を活用し，新施設は開催後も長期利用が見込まれるものに限り，③スタジアムやメインパーク建設・利用時の CO_2 排出削減や再生エネルギー比率の目標を設定し，④各種スタジアムのうち開催後も（市民利用やプロチーム，スポーツイベント開催のために）継続利用するものと撤去するものを分け，解体した資材は再利用することなど，いずれもメガイベント開催に伴う環境負荷を軽減する方針が貫かれ，その大部分が次々と実行に移されていった[15]．

　第二に，「開催中」の局面である．ここで前景化してきたのは，若者世代の鼓舞や社会参加を促すという文脈である．実際，ロンドン大会では "Inspire a generation (of young people)" をスローガンとして掲げたように，若者世代にスポーツ・文化活動や地域のボランティア活動などへの積極的参加を促すなど，若者世代の社会参加をつうじて「社会的包摂」(social inclusion) をおし進める点を特徴としていた．くしくも開催前年の2011年夏，非白人系の若者たちを中心にロンドン各地で暴動が勃発した．よく知られるように，イギリス政府はこうした暴動に対して，テロ対策をはじめ厳重な処罰を科すなど厳しい態度を貫いた．このように多民族国家イギリスの抱える問題として，移民コミュニティの孤立など社会の分裂が懸念される問題を背景に，オリンピック開催を機に若者世代をはじめ社会の中の全グループに参加・包摂を求め，それにより社会的課題の解決に結びつけるねらいがあったといえる．

　第三に，「開催後」の局面である．前節で確認したとおり，レガシープランの構想段階からつねに一貫しつつも「開催後」の局面にますます顕著になってきたのが，メイン会場跡地ストラトフォード地区を中心とするロンドン東部の再開発という文脈である．実際，かつて「移民と労働者のまち」といわれてきたロンドン東部に位置し，低開発の貧困地区として暗鬱なイーストエンドの一角を形成していたメイン会場の周辺は，再開発プランのもとで「生活」と「雇用」の場を備

第7章　オリンピックというイベントと観光・ツーリズムの可能性　　161

(出典) 筆者撮影 (2013〜2014年)

図7.3　ロンドン五輪のメイン会場跡地

えたエリアとして生まれ変わることになる．具体的には，ヨーロッパ最大級の公園「クイーンエリザベス・オリンピックパーク」として生まれ変わり，選手村跡の高層建築を活用した集合住宅（約1万室）がその周辺に立ち並ぶ．さらにメインスタジアムはサッカー・プレミアリーグのウェストハム・ユナイテッドFCのホームグラウンドとなり，またカッパー・ボックスや市民プールとなるアクアティクスセンターなど，継続利用される複数のスポーツ競技場やスタジアムは，スポーツイベント等の開催場所としてイベント空間を演出し，総じて「居住・訪問（集客）・ビジネス」の三要素を満たす都市空間へ生まれ変わるという計画である．実際この再開発プランは，次々と実行に移されていった（図7.3）．

　さらにメイン会場跡地のストラトフォード地区は，ロンドン中心部の金融街シティへも地下鉄で約15分という立地を活かし，イギリス国内外を結ぶ鉄道が5本以上も通るロンドン東部の新しい交通の拠点として通勤面でも利便性の高いエリアとなる．そこにストラトフォード国内駅と国際駅をつなぐ巨大ショッピングモール「ウェストフィールド・ストラトフォードシティ」がオリンピック開催前年の2011年に併設され，選手村跡の集合住宅により住宅供給とコミュニティ形成を進め，さらにメインスタジアム周辺に高層ビルを建設して企業のオフィス誘致を図る計画が推進されるなど，メイン会場跡地のストラトフォード地区は，総じてロンドン大会のレガシー戦略の中で特に注目に値する部分となっている．

　以上のようにレガシー戦略の実施プロセスを整理すると，いずれも環境・社

会・経済面の「持続可能性」を目ざした取組みとして，オリンピック開催のポジティブなレガシーを中長期的なスパンで残していこうという明確な構想と周到な計画性が浮かび上がってくる．と同時に，ロンドンオリンピック・パラリンピックという"熱狂的な約一か月半"の祝祭イベントの開催期間を前後に取りまく形で，会場エリアの建設とその再編をつうじてロンドン東部が〈産業廃棄地から新しい都市空間へ〉と生まれ変わりつつあるシーンが浮かび上がってくるだろう．

4．「オリンピコポリス」と Tech City 構想
——クリエイティブシティの誕生

ではその後，大会開催後のロンドン東部はどうなったのだろうか．開催後1～2年を経たタイミングで，レガシー戦略の再編プランがオズボーン財務相（当時）とボリス・ジョンソンロンドン市長（当時）により新たに具体化されたことから，ここでその動向について確認しておきたい．

舞台は同じく，ロンドン東部ストラトフォード地区のメイン会場跡地である（図7.4）．その一角に位置するインターナショナル・クォーターというエリアに，「オリンピコポリス」（Olympicopolis）という名称の地区が誕生することになった．2013～2014年の財務省「秋季報告書」によれば，イギリス政府が1億4000万ポンド（約240億円）を拠出し，ロンドン大会のメイン会場跡地の一角を「オリンピコポリス」と名づけ，集客力の高い「教育・文化地区」へと再編する計画が公表されたのである[16]．それは，かつて1851年のロンドン万国博覧会の開催後にこれを記念して，サウスケンジントン地区を主催者アルバート公の名にちなんで「アルバートポリス」と呼んだことになぞらえたものである．そしてストラトフォード地区のメイン会場跡地エリアには，2020年代までにロンドン大学とロンドン芸術大学が新しいキャンパスを建設予定であり，ビクトリア＆アルバートミュージアムの分館，サドラーズウェルズ劇場，さらにスミソニアン博物館の分館も進出予定であり，そのほかロンドン交通局のオフィスなどが立ち並ぶ予定だという[17]．

オリンピックパークの選手用宿舎は，2014年時点ですでに集合住宅として当初予定（約1万室）の半分ほどが賃貸・分譲に提供されていたが，当時のロンドン市長ボリス・ジョンソンが「さらに野心的なレガシー」と称した再編プランがここに表明されたのである．「オリンピコポリス」が計画どおりに実現すると，メイン会場エリアは世界的な「教育・文化地区」へと生まれ変わることになる．具体的には，アートやダンス，歴史，工芸，科学技術，最先端のデザインなどが

第7章 オリンピックというイベントと観光・ツーリズムの可能性　　163

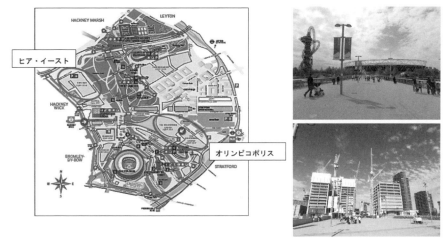

（出典）オリンピックパーク公式ウェブ（筆者加筆），写真は筆者撮影（2015〜2016年）
図7.4 ストラトフォード地区のメイン会場エリア

様々な施設で展示されることが計画されており，その結果，3000人分の雇用と年間150万人の訪問客増加，28億ポンド（約4800億円）の経済効果をロンドン東部ストラトフォード地区周辺にもたらすと見込まれている．

　関連して同じくオリンピックパークの一角に，「ヒア・イースト」（Here East）と呼ばれるエリアが誕生し，2016年から一部公開の運びとなる．この「ヒア・イースト」とは，メイン会場プレスセンター跡地のデジタルインフラを活用したデジタル産業・IT産業の集積拠点であり，新興企業の起業支援やテナント貸出，産学連携のためのオープンスペース，若手研究者の支援センター，および低スキルの若者の職業訓練などの場として活用されるものである．つまり一方では，職業訓練を促すボトムアップ型のサポートから，他方ではトップクラスのイノベーションや研究を担うプロフェッショナル創出に至るまで，双方を視野に入れた構想として7500人分の雇用創出が見込まれている．

　この地域からさらに西側にかけて，つまりシティから遠くないオールドストリートからロンドン東部一帯に広がるエリアには，いわゆるテック・シティ（Tech City）構想のもとでIT産業の集積拠点として位置づけられた「英国版シリコンバレー」が続いている．テック・シティ構想とは，2010年11月にキャメロン首相が提唱したもので，イーストロンドン地区にIT企業の起業・集積を促す政府主導の取り組みのことである．税制面の優遇策や投資家への減税措置，非営利組織

による起業サポートやネットワーク構築を推進し，2008年時点で十数社だった同地区の企業は2015年現在で1300社を超え，IT技術と金融を組合せた分野の世界的中心の一つとして進化を続けている．北米のIT企業が欧州進出の足がかりをテック・シティに築くケースも多く，現在ハイスピードで変化を見せるロンドンのイノベーション地帯となっている．

　ここで検討してきた動向を考え合わせると，オリンピック開催後のロンドン東部（の一角）に何が生まれつつあるのかという点で，ある興味深いイメージを結ぶことになるだろう．一般にオリンピックのレガシーといえば，スタジアムや公園などスポーツ・レクリエーション関連施設を想起しやすいといえる．しかし本節で確認した事実は，レガシーをもっぱらスポーツ施設の事後活用と考えてしまうような想像力とは，いささか異なる次元の考え方を伴うものである．ひと言でいえば，私たちが現在立ち会っているのは，①ミュージアムや大学などの教育・文化装置とともに，②IT産業や金融業などクリエイティブ産業が集まった集客力・創造性の高い都市空間として，いわば「居住・訪問（集客）・ビジネス」の三要素を伴う「クリエイティブシティ」（創造都市）が誕生しつつある光景である．ここでいう「クリエイティブシティ」とは，デザインやアートも含めてアイデアやクリエイティビティの要素を価値創造の源泉としながら——すなわち環境負荷の高いマテリアルな次元よりも，むしろ情報的次元に力点を置きながら——同時に職業訓練などをつうじた貧困地区の改善をも視野に入れるなど，社会的課題の解決にも関わろうとする点で，少なからず意欲的かつ触発的な試みであると評価される．このことはまたレガシー戦略の面では，当初の住宅供給（「居住」）を中心とする取り組みから，ますます「集客」や「ビジネス」の側面を高めたものへとシフトしていることを示唆している[18]．

　以上のように，2012年ロンドン大会のレガシー戦略は，新しいアイデアのもとで再編を伴いながら現在進行形でシフトしている．他方，ここまでの検討から明らかになったように，①2012年ロンドン大会では，オリンピック招致以前の段階から「ロンドン東部の再開発」という文脈が存在し，これがレガシー戦略を進めていくうえでも重要な先行条件となっていたこと，②またその延長線上において，ロンドン東部が〈産業廃棄地から新しい都市空間へ〉と生まれ変わるプロセスは，それ自体として一貫した軌跡を見せていることが確認されたといえるだろう．

5．2012年ロンドン大会をめぐる評価と含意

5-1　一般的評価とロンドン市民の声

　では以上の経緯をふまえて，2012年ロンドン大会に対する評価とはどのようなものだったのか．まず開催直後の印象を振り返っておこう．ロンドン大会の盛り上がりについては，慎み深く皮肉屋のイギリス人気質はどこへ行ったのかという驚きを喚起するほどに，イギリス中を熱狂と陶酔感にも似た雰囲気で包み込み，まさにスポーツをとおしてイギリス国民が一つになるという現象が指摘された．IOCのジャック・ロゲ会長（当時）も閉会式の日，ホスト国のイギリスによる競技会場や選手村の運営を高く評価し，ロンドンオリンピックの成功について満足感をもって称えるとともに[19]，イギリス国内においてもスタジアム観戦や連日のメディア報道を介してオリンピックの盛況ぶりはパラリンピックにも引き継がれ，両大会のフィナーレを飾る9月10日の選手パレードでは，この雰囲気を少しでも共有したいと集まった約50万人の観衆によって，ロンドンのチャリング・クロス駅前のメインストリートやトラファルガー広場に喚起の渦がわきあがるほどであった[20]．

　そのうえで，ロンドン大会に対する一般的評価はどのようなものだったのか．開催翌年に公表された評価報告書（"Inspired by 2012"）によれば，表7.1のとおり，主に「スポーツ・健康」「ロンドン東部の再開発」「経済成長」「コミュニティ形成」「パラリンピック」の各分野にわたってポジティブな成果が示されている．もちろん何事にも賛否両論があるように，ロンドン大会に対しても開催費用が当初予想を大きく超えて約90億ポンド（約1.5兆円）にのぼった点をはじめ，周辺地域の住宅価格の高騰をはじめ，それに伴い居住できなくなった一部住民が移動を余儀なくされたことなど，マイナス面からの指摘もある．また東ロンドン大学の研究者も警鐘を鳴らすように，オリンピックの開催によってすべての社会的課題が解決されたわけではないなど，開催成功の明るいメッセージの中で影の側面が忘れ去られてはならない，という指摘も重要である[21]．

　しかし全体として見ると，総じて約3千万ポンド（55億円）の黒字開催が実現したほか，文化プログラムにのべ約4300万人の参加，またスポーツ政策や市民のボランティア参加の促進，1万人の新規雇用創出，そしてロンドン東部の生活困難を示すエリアの縮小傾向など，目に見えるポジティブな具体的成果がさまざまに言及されており，「近年で最も成功した大会」としばしば総括されている事実を確認しておく必要があるだろう．

表7.1 2012年ロンドン大会開催に対する評価

スポーツ・健康	選手育成増加13％UP，2005年～週1回運動140万人増加 学校スポーツ年間15億ポンド助成（2013～14年）
ロンドン東部再開発	パーク整備，オリンピックパーク再開，交通インフラ65億ポンド 住宅整備1万1千戸，1万人の新規雇用創出
経済成長	280～410億ポンド（～2020年），雇用創出62～90万人，国際貿易99億ポンド，市内失業者の雇用創出7万人分，観光客増1％，観光消費4％増
コミュニティの紐帯強化	ボランティア参加者増（2012～13年），スポーツ・コミュニティ活動に新規10万人募集（2013年夏）
パラリンピック	五輪の影響81％が肯定的評価，障害者のスポーツ参加向上，支援助成増加，交通・会場・都市インフラのアクセシビリティ向上

(出典)"Inspired by 2012" pp.13-14

　ちなみに表7.1の「ロンドン東部の再開発」に注目してみると，前述の評価報告書にはレガシープランの見込みどおり，オリンピック開催がロンドン東部再開発の加速化に結びついた点が高く評価されている．

　「ロンドン大会準備のためのオリンピックパーク周辺の巨大な投資やインフラ開発は，ドックランズ開発とともに30年前に始まったロンドン東部の再開発プロセスを加速させた．ロンドン東部は，ロンドンの新しい中心となり，首都の長期的な競争力や成長にとってますます戦略的な重要性を高めている．」（同報告書 p.34）

　こうした評価は，前節で確認したクリエイティブシティへと向かう新しい動向によっても示唆されるところである．もちろんその成否については，同報告書も指摘するように，さらに中長期的な観点から，今後ロンドン東部と他地域の住民とのライフチャンスの格差縮小が実現されるかどうかも含め，慎重に見きわめていく必要があるだろう．

　では実際，ロンドン市民の声はどうなのだろうか．この点について調査するため，筆者は2016年8～9月の調査滞在期間中，ロンドン東部ストラトフォード地区のオリンピックパークでアンケート調査を実施した．回答者の二割ほどはパーク周辺の近隣住民で，残りの大半がロンドン市内・近郊から訪れた人々である．結果を見ると，回答者の約半数が1か月に1～2回（以上）オリンピックパーク周辺を訪れると回答し，訪れる目的は「散歩」「ショッピング」「食事」が半数を占めた[22]．また2012年ロンドン大会の以前と比較してストラトフォードの現状をどう思うかを5段階評価で印象を尋ねたところ，「非常によい・とてもよい（スコア4～5）」と回答した人が70％を上回った．つまりロンドン東部ストラトフォ

ードの現状に対して，高い満足度など肯定的な評価が多く観察された．

　もっとも調査結果のデータとともに，回答者にインタビューで聞いたエピソードが興味深い．例えば，ロンドン大会以前の印象について「昔ここは産業廃棄地で何もなかった」「以前は暗い印象で来たいと思うような場所ではなかった」という声が多く，これに対して現在のストラトフォードは「とてもすてきな街だと思う」「今どんなイベントをやっているか見に来たい」「公園の景色やスタジアムの建物も美しい」「公園にいる人はみんな笑顔になる」「以前はお買い物をするのにロンドン中心部まで行ったけど，今はここのショッピングモールに何でもある」など，ほぼすべての回答者からポジティブな評価を聞くことができた．もちろん調査の制約や限定性をふまえたうえで，公式の報告書からロンドン市民の声に至るまで，総じてポジティブな評価がネガティブな評価を大きく上回ることは確認されるところである．

5-2　「活用型イベント」としてのオリンピック

　本章では以上のように，2012年ロンドン大会についてレガシー戦略の観点を中心に検討を進めてきた．2012年ロンドン大会への評価が総じてポジティブなものであるとすれば，これを先行モデルと位置づける2020年東京大会にとっても，「成功」要因をはじめそこから何を学べばよいのかを正しく捉えておく必要があるだろう．その際，最も重要なポイントの一つが，イベントの計画・運営のあり方そのものに関わる課題であり，要するに，レガシー構想を伴うことで新しい意義を獲得した21世紀型のオリンピックを具現化できるかという課題である．

　前述のとおり，2012年ロンドン大会はレガシー戦略に本格的に着手した最初の大会であった．IOCのレガシー構想のねらいとは，オリンピックの開催を一過性のイベントに終わらせるのではなく，その「持続的な効果」が開催国や開催都市，およびそこに生きる人々に残ることを推進したものである．そこでオリンピックというメガイベントの開催は，その事後的な効果も含めて，中長期的なスパンのもとで周到な計画性を求められることになる．例えば，2004年アテネ大会における競技会場の多くは，かさむ運営費に対して事後活用の目途も立たず，すでに廃墟と化して巨額の赤字をギリシャに残し，財務危機の一端になったとの指摘もあるが，これはレガシーの観点からすると計画性のないマイナスの事例ということになる．

　これに対して2012年ロンドン大会の場合には，レガシープランを具現化していくプロセスの中で，(a) まずイギリス全体やロンドン東部の置かれた現状を冷徹

に把握し，さまざまな問題群や社会的課題を鋭く見定めながら（⇒【課題】），(b) オリンピック開催後に残したい社会のあり方やイメージを戦略的に構想したうえで（⇒【目標】と【戦略】），(c) モデル特区としてロンドン東部のメイン会場周辺エリアを捉え（⇒【対象】），そのうえでレガシー戦略の実施プロセスを着実に進めていったという軌跡が浮かび上がる．こうした構図をイベント論の視点から解釈し直すと，「課題解決型のオリンピック」に即した形で「活用型イベント」のアイデアが効果的に活かされたケースとして捉えられる．つまりロンドン大会は，イベント実施の効果を広く社会的課題の解決へと結びつけながら，戦略的な運営を実現した事例として捉えることができるだろう．

　以上をふまえると，オリンピックというメガイベントは21世紀の課題としてレガシー構想を伴うことで，経営戦略的な視点にもとづく「活用型イベント」としての性格を強めることになったと理解できる[23]．したがって，いかに有意義なレガシープランを提示し，かつそれを戦略的かつ着実に実行に移せるかどうかが，21世紀のオリンピック開催の成否を分ける評価ポイントになるだろう．

　もともと近代オリンピックが19世紀末に誕生したとき，それは国際スポーツの祭典という性格から出発している．だがレガシー構想と結びついた21世紀型のオリンピックでは，スポーツ分野だけでなく広く（社会的課題の解決に結びつく）ポジティブなレガシーという「目的」を残すための「手段」として，周到な計画性をもってこのメガイベントの開催機会を活用することが，大会開催の成否を分かつほどに重要な意味を帯びてくる．現在われわれが目の当たりにしている2020年東京大会の準備プロセスにおいて，まさに周到な計画性の欠落ゆえに迷走ぶりが際立つとすれば，経営戦略的な視点にもとづく「活用型イベント」のアイデアをどのように効果的に活かしていけるかが，今後の展望へと寄与するはずである．この点については後述する．

6．浮かび上がる「観光・ツーリズム」の重要性

6-1　狭義の観光・ツーリズム政策——『イギリス政府観光政策2011』

　2012年ロンドン大会のレガシー戦略の検討をとおして，「活用型イベント」としてのオリンピックという観点が浮かび上がってきた．実際たしかにロンドンオリンピックは，メガイベントとしての効果を最大限に活用する仕掛けと工夫に満ちていたといえる．一般にイベントの効果としては，人を集める集客効果と情報発信による広報効果という二点が前提とされるが，ひるがえってこの観点からロ

ンドン大会を再評価するとき，「観光・ツーリズム」の要素が大きな役割を果たしていたと考えられることから，本章の後半では「観光・ツーリズム」の側面に焦点を当てて捉え直すこととしたい．

　そもそも2012年ロンドン大会において，どのように「観光・ツーリズム」が重要な役割を果たしていたのだろうか．さしあたり最も明白で確実な事実から出発しよう．ロンドン大会の会期に先立つこと2年前，キャメロン首相（当時）がロンドンのハイドパークの一角で行った2010年8月の演説にさかのぼる．キャメロン首相は，新政権の発足100日以内に観光・ツーリズムに関する演説を行った初めてのイギリス首相であり，この演説をふまえて2011年3月に『イギリス政府観光政策2011』が刊行された．本報告書はいわゆる観光・ツーリズム政策に関する政府方針であり，①イギリスにとってなぜツーリズムが重要なのかという問題提起を行ったうえで，②今後の観光・ツーリズム産業に向けて改善点を明らかにしていくという明快な構成をとる．その序文には，次のような記述が見られる．

　「2010年8月，デイビッド・キャメロン首相は，ハイドパークのサーペンタイン・ギャラリーでツーリズムに関する演説を行った．首相自身によれば，義務ではなく自ら望んで行ったものである．その理由は，ツーリズム産業がイギリス経済においてこれまでしばしば見過ごされてきた巨大産業だからである．新政権の発足100日以内にツーリズムに関する演説が実施されたことは，これまで前例のない事実であり――文化・メディア・スポーツ省（DCMS）の職員から見て，歴代首相でツーリズム産業にこれほどのレベルの優先順位を与えた事例を見出すことができない――，またイギリスの経済・文化の将来にとってツーリズムが巨大なポテンシャルをもつことを示している．デイビッド・キャメロン首相は演説の最後に，イギリスの新しい観光政策について諮問した．この文書がその政策である．」（DCMS[2011: 6]）

ここに記されているように『イギリス政府観光政策2011』は，キャメロン首相から諮問を受けたJ・ペンローズ観光・文化遺産大臣，および文化・メディア・スポーツ省（DCMS）の職員の手によって刊行されたのである．その背景には，観光・ツーリズム産業がこれまで十分認識されていなかったものの，イギリス経済・文化の将来にとって巨大なポテンシャルをもつ重要な産業であることが指摘されている．しかしなぜこの2010年から2011年にかけてのタイミングで，イギリス政府はツーリズム産業に注目し，観光政策に力を注ぐに至ったのか．この点について――中長期的には1990年代を転機とする積極的な観光・ツーリズム政策を前提としているが[24]――直接的な経緯としては，キャメロン首相自身によ

表 7.2 イギリス主催の国際的な文化・スポーツイベント（2011年～）

2008-2012年	カルチュラル・オリンピヤード（文化プログラム）
2011年	ロイヤルウェディング
2012年	ダイヤモンド・ジュビリー，ワールド・プライド
2013年	ワールドカップ（ラグビーリーグ）
2014年	コモンウェルス・ゲームズ（グラスゴー），ライダーカップ（スコットランド）
2015年	ワールドカップ（ラグビー連盟）
2019年	ワールドカップ（クリケット）

【出典】DCMS[2011]

る次の説明が最もよくそれを物語っているといえるだろう．

「イギリスは来たる数年間に，ロイヤルウェディングとダイヤモンド・ジュビリー，そしてオリンピックやコモンウェルス・ゲームズに至るまで，諸々のエキサイティングなイベントの主催国となる．世界の目がイギリスに注がれるとともに，われわれはこの国が世界に何を提供できるのかを示す前例のない機会を有することになる．このためイギリス政府は，世界へのイギリスのプロモーションのために，民間企業と協力して1億ポンドのマーケティング資金を創設したのである．」（DCMS[2011: 4]）

実際，2012年ロンドン大会の開催を目前にひかえるイギリスは，以後10年近くにわたり，英国王室の関連行事から文化・スポーツ関連に至るさまざまな国際イベントを主催予定であった（表7.2）．その中で2012年ロンドン大会がどれほど重要であるかということは，まさにこの世界最大級のメガイベントにおいて，多くの人々がイギリスを訪れ，地球40億人の視聴者がメディアをつうじてロンドンに熱いまなざしを注ぐまたとない貴重な機会になる，という点に関わっている．そこで『イギリス政府観光政策2011』の趣旨は，世界中の注目が集まる国際イベントの中でも，2012年ロンドン大会を特別に戦略的ターゲットとして位置づけることによって，これをイギリスの魅力を世界にアピールする機会として最大限に活用するとともに，これを機に国内のビジターエコノミーの現状を改善していく転回点とする，という点にあったといえる．

この点について，以下の引用部にはより踏み込んだ具体的な記述がある．

「2012年ロンドンオリンピック・パラリンピック競技大会は，かつてないほどの数の観光客に対してイギリスをアピールし，また地球の相当部分の視聴者に対してすぐにイギリスを訪れたいと思わせる一度かぎりの大きな機会である．2012年ロンドンオリンピックがきちんと実施されるなら，その開催中

にアスリートやファンをロンドンに呼びよせるだけではない．それは国内旅行者を含む他のすべての人々に対して，イギリス国内のロンドン以外の観光地，すなわちイギリスの豊かな遺産，活力に満ちた文化と美しい田園風景を見せることになる．さらにパラリンピックは，特に障害をもつ国内・外国の観光客に対して機会を提供する．それは巨大な市場でありイングランドだけで20億ポンドに値する．われわれの目標は，今後4年間にイギリスに400万人の観光客の増加を見込み，5万人の雇用機会を創出することにより，2012年ロンドンオリンピックをイギリスのツーリズム産業を押し上げるための一世代に一度の機会として活用することにある．……われわれはツーリズム産業がロンドンオリンピック2012大会から一時的な押し上げ効果を得るだけではなく，持続的な段階変化を獲得することによって，2012年以降もつねに高水準のパフォーマンスを続けることができると確信するものである．」
（DCMS[2011:15]）

要するに『イギリス政府観光政策2011』のねらいは，2012年ロンドンオリンピック・パラリンピック競技大会の開催を観光・ツーリズムの観点から最大限に活用することにより，大会開催による一時的な押し上げ効果だけでなく，2012年以降も持続的に高い効果（＝「レガシー」）が得られるように中長期的な観光政策の方針を提示していく，というポイントにあったといえる．

では実際，イギリス政府は具体的にどのような取組みを進めていったのだろうか．この点に関してイギリス政府が前面に掲げて実施した取組みが，あの有名な"Greatキャンペーン"である．"Greatキャンペーン"とは，具体的には諸外国に対するCMやウェブサイト等でのメディア戦略をつうじて，文化・遺産・スポーツ・音楽をはじめ，ビジネス・投資・教育における創造性や知的財産の分野での"イギリスの魅力"をアピールする国際的イメージキャンペーンであった．"Culture is Great" "Music is Great" "Heritage is Great"……という分かりやすいキャッチコピーとハイセンスなデザインの先に，「英国 Great Britain」の名称ちなんで "This is Great Britain" が総称として輝き立つという仕組みである．

イギリスという国家そのもののブランド化が目ざされた"Greatキャンペーン"において，そのねらいとするところは，メディアを活用したプロモーション戦略をつうじて，オリンピック開催に伴う海外からの集客効果を促進し，その成果を開催地ロンドンからイギリス全国へと普及させる点にあったことが知られている[25]．こうした観点から，イギリス政府は2011〜2015年にかけて，官民パートナーシップに伴う約1億ポンド（173億円）のマッチングファンドを創設し，イギ

リスのもつ多様な魅力とポテンシャルを全世界に紹介することで，「観光」や「ビジネス」の機会の拡大に結びつけるというプロモーション戦略を展開したのである．

かくして『イギリス政府観光政策2011』は，次のような目標を掲げている．具体的には，①上記のようにツーリズム業界とのパートナーシップによる1億ポンドの誘客キャンペーンを実施し，それに伴い今後4年間に外国人観光客400万人の増加を目指すこと，また，20億ポンドの追加収入と5万人の新規雇用の創出を企図すること，さらに，②イギリス人自身による国内旅行の増加と活性化を進めること，③それに関連してツーリズム産業自体の革新と生産性向上を目指すこと，などである[26]．それは要するに，今後イギリスが国家戦略として観光・ツーリズムに力を入れることの表明である．

6-2 広義の観光・ツーリズム政策――「観光のための五輪」

ロンドン大会では他方，以上のような狭義の観光政策だけでなく，広義の観光・ツーリズム政策もまた大きな役割を果たしていたと考えられることから，そうした点についても確認しておくこととしたい．

第一に，会場エリアやマラソンコースの設置など，空間演出の次元に注目してみる必要がある．まず会場エリアはよく知られるように，ロンドン東部のメイン会場エリアを中心に，テムズ川をはさむノースグリニッジ地区とロンドン中心部のハイドパーク周辺という三箇所を拠点とし，首都ロンドンを三角形に囲み強調する構図となっている．また「ロンドン観光ツアーコース」と言われたマラソンコースも象徴的である．バッキンガム宮殿前の通りザ・マルからトラファルガー広場，国会議事堂，そして中心部の市街地を駆けぬけ，セントポール寺院，金融街のバンク，ロンドン塔，モニュメント記念像などを横目に三度周回し，再びザ・マルに戻りゴールするというその軌道は，石畳の道を走るマラソン選手の足にはよくないと言われるが，マスメディアをつうじて「ロンドン」という世界有数の観光資源を世界40億人の聴衆にライブ中継することが想定されている．さらにダニー・ボイル監督のもとミュージカル仕立ての趣向をこらした開会式の演出では，ポップカルチャーや演劇，ファッション・アート，さらに王室ブランドや歴史遺産に至るまで，ソフトパワーを中心に"イギリスの魅力"をふんだんに演出する手法が取られていた．つまり，空間演出や開会式セレモニーの面でも，前述の"Greatキャンペーン"と同様，イギリスの魅力を世界にアピールしながら世界中の人々の関心を惹きつけていくような戦略が見出される．

第7章 オリンピックというイベントと観光・ツーリズムの可能性　173

　第二に，2012年ロンドン大会の開催前後にキャメロン首相が積極的に「五輪外交」を展開していたことが知られている．例えば2010年11月と2013年12月には財界要人を多数引き連れて中国を訪問したことは有名である．その結果，2015年10月には習近平国家主席のイギリス訪問とエリザベス女王謁見が実現するとともに，中国からの7.5兆円の投資呼び込みに成功している．さらに2012年ロンドン大会の会期中も，イギリス政府は10億ポンドの経済効果を見込む大規模な投資イベントを開催していた．ここから明らかになるように，ロンドンオリンピックは狭い意味での「観光旅行の促進」という観点だけでなく，同時に広く投資・ビジネスをイギリスに呼び込む機会として，外交面も含む経済・通商産業政策の観点から活用されていたということが明らかになる．
　以上のように，ロンドン大会では五輪史上でもかつてないほど「観光・ツーリズム」の要素が戦略的なツールとして自覚的に活用され，いわば広義の経済・通商産業政策としての射程をもっていたと考えられる．その意味では，ロンドン大会はもはや狭義の国際スポーツの祭典であることを超えて，文化複合的なメガイベントであると同時に，いわば「観光のための五輪」と総括してもよい側面をもっているといえるだろう．もちろんここで「観光のため」とは，一般的な観光旅行のイメージに重なる狭義のニュアンスではなく，"Great キャンペーン"のモチーフ，つまり「イギリスのもつさまざまなポテンシャルを全世界に紹介し，イギリスの観光やビジネスの機会を最大化する」というモチーフと同義であり，広くビジネス戦略や経済・通商産業政策の観点をねらいとして見定めたものである．

7．観光・ツーリズム部門への成果と射程の拡張

7-1　観光・ツーリズムへの効果——観光統計のデータより
　それでは，2012年ロンドン大会を戦略的ターゲットとした取り組みの結果，イギリスの観光・ツーリズムをめぐる現状はどのように変化したのだろうか．ここでは具体的に，観光統計のデータを確認しておこう．
　『イギリス政府観光政策2011』では前述のとおり，①今後4年間で海外旅行者の400万人増加，②国際観光収入の20億ポンド増加など，オリンピック開催後を見すえた具体的目標が提示されていた．またイギリス政府は，ロンドン大会開催後の2013年に，"Delivering Golden Legacy"という観光政策文書を公表し，2012～2020年までの中長期的なインバウンド拡大のための成長戦略を描き出し，観光・ツーリズム産業のさらなる飛躍と継続性を求めている．

表7.3 イギリスの海外旅行客受入数と国際観光収入

【出典】UNWTO資料

　これに対して観光統計のデータ（UNWTO資料）を確認すると，①海外旅行者数は2011年の2830万人から2015年には3444万人に増加し，②国際観光収入は2011年の約359億ポンドから2014年には452億ポンドへと増加，③さらに国際観光競争力も2011年の世界第7位から2014年以降には第5位へと順位を上げており，主な数値目標をほぼすべて達成したことが明らかになっている（表7.3）．つまりイギリスは，2012年ロンドン大会の機会を効果的に活用したことによって，開催後4年を経た現時点でなお，当初の目標を上回るパフォーマンスをあげることに成功しているといえる．

7-2　拡大化・重層化された集客戦略

　以上のように，2012年ロンドン大会を見すえた観光・ツーリズム政策は，海外旅行者数や国際観光収入の増加，国際観光競争力も含めたインバウンドの主要三要素で，目に見える成果を残したといえる．けれども観光統計上の数字に表れたデータだけではなく，イギリスの観光・ツーリズム政策が狭義の枠を超え出て〈拡大化・重層化された集客戦略〉と結びついていた点をここであらためて理解しておく必要がある．下記①～③を確認しておこう．
　まず，①2012年ロンドン大会において，観光・ツーリズム政策もまたレガシー戦略の観点を取り入れながら，大会開催の前後を中長期的なスパンで計画的に見すえたものとなっていた．したがって，オリンピック・パラリンピックの開催期間に外客誘致を促すというような目先の視点ではなく，例えば"Greatキャンペーン"のように，少なくともイベントの開催期間を前後に取り囲む2011年から2015年まで，また長期的にはそれ以後2020年あたりまで最大10年近くを見すえた観光・ツーリズム政策が遂行されていたことがわかる．

次に，②観光・ツーリズムはかつて一般に「楽しみのための旅行」と見なされてきたが，前節で確認したとおり，2012年ロンドン大会の観光・ツーリズム政策で主題となっているのは狭義の観光旅行（＝「楽しみのための旅行」）の促進にとどまらず，むしろイギリスにはビジネス目的のビジターも多いという現実をふまえ，前述の"Greatキャンペーン"や五輪外交のように「観光」や「ビジネス」の機会拡大を目指すという意味で，広義の経済・通商産業政策と結びついたものとなっている．実際，「ビジターエコノミー」という表現も存在するように，観光・ツーリズムの射程が大きく拡大していることが確認される．

さらに③「レガシー」といえば，（少なくとも日本では）いまだスポーツ施設やスタジアムの事後活用というイメージが強いが，ロンドン大会の場合にはレガシー戦略の一環として，メイン会場エリアを含む開催都市を「居住・訪問（集客）・ビジネス」の三要素を伴うクリエイティブシティへと再開発していく点が組み込まれていた．この場合，観光・ツーリズムの要素は「持続的な集客効果」と結びつく形で，人々が訪問し集まる魅力的な都市空間のあり方が求められる中で重要な意味を担っていることになる．つまり「観光（集客）」というキーワードが，魅力的な都市空間を構想する原理になっている点を指摘できる．

このように整理すると，2012年ロンドン大会をめぐる「観光・ツーリズム」の射程は，上記①～③のとおりいずれも狭義の観光旅行の促進という枠組みに収まらず，〈拡大化・重層化された集客戦略〉と結びついていたことが明らかになるだろう．この段階にいたって，レガシー・アクションプランの論点⑤――イギリス全体を魅力的な「居住・訪問（集客）・ビジネス」の場として世界にアピールし，集客へと結びつけていこうという趣旨――が，今やあらためて重要な意味をもつことが明らかになる．実際，2020年東京大会に向けた日本の取り組みにおいて，しばしば欠落しているのがこうした広義の観光・ツーリズム政策であり，それだけに先行モデルとしてのロンドン大会から参照すべき重要なポイントであると考えられる．

8．2020年東京大会への視点

以上の検討と考察をふまえ，本章の結びに当たり，2020年東京大会に向けて先行モデルとしての2012年ロンドン大会の経験をどのように活かしていくことができるのかという点について，一定の視点と展望を提示しておきたい．

8-1 2020年東京大会のレガシープラン

　すでに述べてきたとおり，2012年ロンドン大会の成否を左右する重要なポイントとして，戦略的なレガシープランとその実施プロセスを挙げることができる．
　ではひるがえって2020年東京大会に目を移すと，その準備や取り組みはどのように進められているのだろうか．2015年から2016年にかけて，新国立競技場など競技会場の問題やエンブレムをめぐる不祥事が相次ぎ，東京大会へのプロセスが世論の厳しい視線にさらされ問い直される契機となった．この点については，ロンドン大会のレガシープランにも関わった建築士の山嵜一也氏も指摘するとおり，例えば新国立競技場の問題は単にスタジアムの建設費用に限られた話ではなく，本当はどのようなビジョンのもとにオリンピックを開催するかという本質的な主題と深く関わるものである[27]．その意味でもあらためてレガシー戦略が重要性な意味を帯びてくるのであり，2013年9月の開催決定から3年以上が経過する中で，日本でもすでに複数のレガシープランが公表されていることから，ここで簡潔に検討しておこう[28]．

　2015年4月に公表された文科省のレガシー案（＝「オリンピック・パラリンピックレガシー創出に向けた文部科学省の考えと取組」）では，①スポーツを通じて全ての人々が幸福で豊かな生活を営むことができる「スポーツ立国」を実現する（＝スポーツ），②我が国の多様な文化の十分な理解を促進し，文化資源の積極的な活用を図る（＝カルチャー），③我が国の科学研究の蓄積や科学技術の発展・成果を国内外へ発信するとともに，最新の科学技術の社会実装・実証を加速する（＝イノベーション），④若者が地域，社会やグローバルの課題解決に自ら考え行動する活動を促進・支援する（＝ヒューマン），⑤年齢，性別，障害の有無等にかかわらず，活躍できるコミュニティを実現する（＝ユニバーサル），という5点が掲げられている．

　また東京都が2015年12月に公表したレガシー案（＝「2020年に向けた東京都の取組」）では，①競技施設や選手村のレガシーを都民の貴重な財産として未来に引き継ぐ，②大会を機にスポーツが日常生活に溶け込み，誰もが生き生きと豊かに暮らせる東京を実現する，③都民とともに大会を創りあげ，かけがえのない感動と記憶を残す，④大会を文化の祭典としても成功させ，「世界一の文化都市東京」を実現する，⑤オリンピック・パラリンピック教育を通じた人材育成と，多様性を尊重した共生社会づくりを進める，⑥環境に配慮した持続可能な大会を通じて，豊かな都市環境を次世代に引き継ぐ，⑦大会による経済効果を最大限に活かし，東京そして日本の経済を活性化させる，⑧被災地との絆を次世代に引き継

ぎ，大会を通じて世界の人々に感謝を伝える，というように，8点におよぶ目標をつうじて〈東京への成果⇒日本⇒世界への発信〉というストーリー構成を取っている．

　以上のレガシー案を検討していくと，例えば文化・アートの価値や科学技術によるイノベーションに未来創造の可能性を見る点など，一定の期待と関心を抱かせる内容も少なくないが，ロンドン大会のレガシー戦略のような統一感と必然性が見られるかといえば，その懸隔は甚だしく大きいと言わざるを得ない．もちろん現時点で重要なことは，外在的な批判により早々に水をさすことでもなく，他方で無批判に現状の問題を肯定することでもないだろう．だがさしあたり懸念されるポイントとしては，当面の日本のレガシー案は，個々に優れた点があろうとも全体として総花的な印象を与えるものが多く，ロンドン東部の再開発に当たるような，抽象的目標・数値目標だけではない中核となる具体的イメージや空間戦略モデルのしぼり込みが不十分であるとの印象を拭い得ない．この点で東京都のレガシープランは，湾岸エリアの選手村やスポーツ施設を核にイベント空間を伴う魅力的なまちづくりに活かそうとする視点が見られ，ロンドン東部のケースを想起させる点でも興味深いが，そうであればこそ宅地利用や水素エネルギーの活用の先にさらに豊かな構想力とイメージにどのように結びつけることができるのか，今新たに問われているといえるだろう．

8-2 「魅力的な社会」の実現に向けて——観光・ツーリズムに何ができるか

　本章の内容は，筆者自身が調査・研究期間を含め過去10年近くに及ぶ毎年のロンドン滞在から経験してきた事実にもとづくものでもある．実際，定点観測を進めてきたメイン会場跡地ストラトフォード周辺の変貌ぶりは驚くほどであり，かつて老大国と揶揄された国にあって，しかも「英国で最も恵まれない地域」とも言われたエリアの一角に，今まさに新しい社会のイメージを期待された都市空間が誕生しつつあることは，感慨深くも触発的な事実であるといってよい．実際，ポスト工業化の段階でソフトパワー大国となったイギリスが，新しい社会のイメージをITと金融をベースとしたクリエイティブシティに見出していくことは不思議ではないだろう．

　では，ひるがえってわれわれは，2020年東京オリンピックの開催後にどのような社会を築こうとしているのか．すでに開催まで4年を切った現在，現時点でレガシープランを検討するかぎり，いまだ共有された明確な統一的コンセプトや未来社会のイメージに向かって着実に実施プロセスを進めている印象は得られない．

それは新国立競技場などの競技会場やエンブレムをめぐる問題，そして開催費用をめぐる迷走が象徴するとおりであるが，より深い観点からすれば，日本社会全体が今後どのような方向性に進むべきかについて，現時点でいまだ明確なイメージを描けていないことがその背景にあるとも考えられる．したがって例えば，湾岸エリアを新しい社会の姿を実現する戦略特区とするというアイデアをはじめ，すでに若手論客たちの試みも提示されているように[29]，自由な言論やアイデアの交換をつうじて，より多くの人々が望ましい日本の未来社会のあり方に対して積極的にアプローチしてゆくことが重要性を帯びてくる[30]．

ちなみに筆者は前述のとおり，ロンドン東部ストラトフォードのメイン会場跡地で現地調査を実施したが，そこで言葉を交わしたロンドン市民の多くが，産業廃棄物の跡地が広々とした公園と居住エリア，そして巨大ショッピングモールのある開放的な空間に生まれ変わった現状を誇りに思っていると伝えてくれた．「税金を支払う市民として，オリンピック後に何を残せるか，ポジティブなレガシー活用を考えることは当然の権利だと思う」と熱心に語ってくれた老夫婦もいた．ロンドン大会を先行モデルとする2020年東京大会の開催についても，今あらためて国益（より正確には国民益）の観点から捉え直すことが新たに重要性を帯びてくるといえる．いいかえると国民が税金を支払う主体（taxpayer）として，主権者としての権利を有する政治の行方と同じく，主権者（＝権利を有する者）として自らの利益にかなうかどうかという評価軸から，2020年東京オリンピックのレガシーとその先の未来社会を考えるという作業が重要な課題となるはずである．

その意味では，エンブレムやメインスタジアムの新国立競技場，そして各競技会場が国民や都政の目で再審に付され，開催費用も含めてコスト対効果の観点から見直されてゆく現状のプロセスは，むしろ建設的な方向性にあると言える．だがそれはいまだマイナスを減らす作業にすぎない．ようやくマイナスをゼロに近づけ，そしてスタートラインに立ったとするなら，まさにこれからより建設的でポジティブなレガシーを残せるよう，国民的な議論と英知の結集をつうじて「魅力的な社会」の構想をこの機会に提示していく．そのための機会として2020年の東京オリンピックを活用できるのかどうか，ポジティブなレガシーを残すという課題に向かってわれわれ自身が今後さらに試されているといえる[31]．

9．結びと展望——社会構想のキーワードとしての「観光・ツーリズム」

最後に，これまでの議論の延長線上で，社会構想のキーワードとしての「観光・ツーリズム」という視点について触れておきたい．

かつてレジャー研究やツーリズム研究の枠組みでは，観光・ツーリズムとは「楽しみを目的とする旅行」として，①伝統的な観光資源をもつ観光地，または②旅行者・ツーリストの観点から調査・研究が進められてきた．そこでは，旅行者がバカンスやリゾートのような非日常空間で癒しや気晴らし，新しい世界や他者／自己との出会いを経験し，それが一種の非日常的な経験や幸福感とも結びつくということ，またひるがえってそれが地域住民の利害，観光地の自然環境などといかに両立し調整し得るかという点が，重要な論点となっていた．

ところが近年，観光・ツーリズムの主題は，①「伝統的な観光地」や②「旅行者の視点」だけでなく，③より広く「受け入れる社会（空間）」との関係で語られている．つまり地域・都市・国家の各レベルで，訪れるビジターやツーリストの存在を前提に「魅力的な空間」の構想と演出がなされ，その文脈において観光・ツーリズムの要素が活用されているのである．例えば，本章で見てきた2012年ロンドン大会の事例でも同様であり，あるいは21世紀のグローバル環境下で日本でも観光立国への取り組みとともに，「住んでよし，訪れてよし」の地域づくりが国家戦略とされる中，日本各地で行われる地域資源の掘り起こしとそれによる観光まちづくり（＝デスティネーション・マネジメント）もまたその一例である．さらに都市空間の動向においても，ショッピングモールやスタジアムを核としたスマート・ベニューをはじめ，創造性とイノベーションを軸とするクリエイティブシティなど，「観光（集客）」の要素が駆動原理として世界的に注目されている．

その背景には，もちろん経済効果への期待があって，訪れる人々がもたらすお金が地域や都市を還流し，持続可能な仕組みを可能にするということが前提にある．しかし表面的な経済効果にとどまらず，視野を広げてみると，いま地域・都市・国家の各レベルで進められる「魅力的な空間」づくりとは，訪れる人々を魅了し呼び込む真剣なゲームが世界各地で行われているということでもある．そうすると本質的な側面として，人が訪れたいと思う場所とは何らかの魅力をもった空間であり，逆にテロや紛争地，犯罪・事故の頻発地帯に魅力を感じることはないという点をふまえると，ひるがえって「人が訪れたいと思う魅力的な空間」をどのように築くことができるのかという主題は，旅行者行動や観光地活性化，観

光客増加の問題にとどまらず，魅力的な社会のあり方に向けた社会構想のキーワードにもなるということが明らかになる．

　かつて20世紀が，戦争と革命の世紀であったとすれば，21世紀のグローバル世界では，敵対的関係に伴う孤立や閉鎖的なコミュニティよりも，多様でダイバーシティに富む世界，創造性に満ちた空間のほうが，人々の生きる世界に豊かさと活力をもたらすと指摘されている．その中で観光・ツーリズムの要素は，魅力的な都市空間など社会構想のキーワードとしていかに寄与できるのか．2012年ロンドン大会の事例がわれわれに問いかけているのは，こうした主題でもあるといえる．

　以上の考察をふまえるとき，観光学の課題としては，次のような問題提起を行うことができるだろう．第一に，オリンピック・レガシーが目ざす「魅力的な社会」の実現に向けて，「観光・ツーリズム」はどのように寄与できるのか．第二に，既存の観光・ツーリズム政策を（観光旅行の促進という）狭義のイメージから転回し，いかにしてロンドン大会で確認したような拡大化・重層化された集客戦略へと結びつけることができるのか．これはスタジアムやショッピングモールの活用を含む都市開発の側面から，広義の経済・通商産業政策に至るまでの側面に関わる課題である．そして第三に，教育現場の課題として，2020年東京大会のイベント運営に向けた若者のボランティア育成をはじめ，「日本文化」（日本ブランド）の海外発信を担うグローバル人材の育成など，広く観光分野に関わるホスピタリティ産業の人材育成にどのように貢献できるのか．

　これらの課題はいずれも2020年東京大会を「活用型イベント」の観点からいかに効果的に活かしてゆけるかという点に関わるものであり，2020年とその先の未来社会（アフターオリンピック）を展望するとき，ますます重要な意味を帯びてくるだろう．

第7章　注

1） 本研究は，科研費「観光政策に対するロンドンオリンピックのレガシー研究」（26760022）および「ロンドンオリンピックのレガシー戦略とクリエイティブシティ創出に関する観光学的研究」（16K02084）にもとづく成果である．また本稿は，小澤・野田 [2016b] をもとに大幅な加筆修正を行い新稿にまとめ直したものである．
2） ピエール・ド・クーベルタン男爵（Coubertin, P. 1863-1937）は，近代オリンピックの父として知られる人物であり，オリンピック創設に際し，パリ万博の中心人物ル・プレの思想と1889年パリ万博の実経験に影響を受けたという．実際，1890年には論説「運動博覧会」を公表している．マカルーン [1981→1988] を参照．
3） 夏季オリンピックと主要な国際博覧会の地政学的広がりについては町村 [2007] を参照．
4） 石坂 [2013] を参照．オリンピックの存在意義が問われる中で，2001年に IOC はオリンピ

ック開催のインパクトに関する研究「オリンピックゲームズ・インパクトスタディ」を開始し，その結果，2003年のIOC総会で『オリンピック憲章』にレガシーの推進がIOCの役割として明記された．

5) Gold[2011]，石坂[2014]を参照．
6) 間野[2013:35]などを参照．
7) "Olympic Legacy"（IOC[2013]）を参照．
8) 『オリンピック憲章』第1章「オリンピック・ムーブメント」のうち第2項「IOCの使命と役割」の第14号に，"The IOC's role is to promote a positive legacy from the Olympic Games to the host cities and host countries" との記載がある．
9) 東京新聞2006年12月16日付朝刊「東京新聞フォーラム」参照．
10) 読売新聞2015年10月15日付朝刊．
11) なお後年，「青写真」というタームはニュアンスが強いためか後景に退いていくが，レガシープランの基本的な趣旨は変わらない．また2009年にはパラリンピックを意識した論点として，障害をもつ人々のために機会や選択を増やすことが追加されている．
12) 本件については，Kassens-Noor[2012]およびEvans[2011]などを参照．
13) ドックランズ再開発は，もともと1970年代にイギリス政府の報告書で計画にのぼり，1981〜1998年にドックランズ再開発公社（LDDC）が主導し，企業誘致や住宅開発などをつうじてロンドン東部イーストエンドの大規模な再開発を軌道にのせた．日本でも1980年代半ば以降，東京湾ウォーターフロント開発の文脈に関連して注目を集めた．
14) 立候補ファイルの公式文書によれば，経済効果としてはオリンピック開催により建設産業だけで7000人分のフルタイムジョブ，オリンピックパーク周辺のレガシー開発で約12000人分の雇用が見込まれるとともに，失業率の高いロウアー・リー・バリー地域の住民に対して雇用や教育機会が提供されることで，貧困の悪循環からの脱出に結びつくとしている．
15) DCMS「持続可能な開発戦略」(2007)，「ロンドン2012持続可能性計画」(2009)などを参照．
16) Autumn Statement 2013, Autumn Statement 2014.
17) 「オリンピコポリス」「ヒア・イースト」については多くの情報源が存在するが，最も一般的にはクイーンエリザベス・オリンピックパークの公式ウェブサイトを参照のこと．
18) このため住宅供給が当初プランの半分にとどまる点に一部批判の声もあるが，オープンスペースや住宅街がただ広がる空間よりも，人が訪れる集客コンテンツや資源が伴い，投資やビジネスの対象にもなる活力ある都市空間が求められているとすれば，現時点では「野心的なレガシー」というロンドン市長の表現も誇張とはいえないだろう．
19) 時事通信2012年8月13日付，および読売新聞2012年8月14日付朝刊．
20) Evening Standard 2012年9月11日付．なお筆者は，ロンドン研究滞在期間（2012年8月29日〜9月15日）の9月10日，トラファルガー広場の一角が垣間見えるチャリング・クロス駅前の通りにて，選手パレードでのイギリス国民の熱狂ぶりを実際に確認した．
21) NHKドキュメンタリー（2016年12月4日報道）「激動の世界をゆく「五輪開催地の光と影」」なども参照．
22) アンケート調査は，2016年9月3〜4日，および7日の計3日間，オリンピックパークのメインスタジアム周辺で実施した．コンビニエンスサンプリングの形式で対象者に対して事前に用意した質問票に回答して頂く形を取り，可能な対象者には若干のインタビューを実施した．サンプル総数は31であり，現時点では予備調査という位置づけであるが，すでに興味深い傾向が見出されるためその一部を取り上げた．なお周辺施設についての満足度を5段階評価で聞いた結果，「交通」「パーク・公園」「散歩・サイクリング」が最も高い満足度を獲得し（スコア5と4で計80〜90％），これに「ショッピングモール」「スポーツ施設」，そして周

辺の「居住エリア」や「職場・ビジネス環境」が続いたが（スコア3以上が80％以上），いずれも総じて高い満足度を獲得していることが伺われた．

23) 2012年ロンドン大会を見すえてイギリスは，環境・社会・経済面で「持続可能性」をバランスよく考慮したイベントのマネジメントシステムの国際標準規格化を実現した．なお周到な計画性を伴うイベントが，経営戦略的な観点に支えられる点については，イベント研究の成果と蓄積を紹介した Getz[2016] を参照のこと．

24) Adams&MacMullen[2000] を参照のこと．なおイギリスの文化政策については，サッチャー政権下での「レジャー省」設立構想を地下水脈としつつ，メージャー政権下における1992年の「国家遺産省」設立が転回点となり，ブレア政権下の文化政策（クールブリタニア）と連動した1997年の「文化・メディア・スポーツ省」設立に至って現在の基盤が確立された．本論で述べたキャメロン政権下の観光政策もその延長線上に位置づくといえる．

25) "Great キャンペーン" については，『観光白書』（平成26年版）でも紹介されている．メディアを活用したプロモーション戦略は，オリンピック開催に伴う集客効果を促進し，その成果を開催地ロンドンからイギリス全国に普及させるうえで一定の効果をあげたと考えられている．なおこの点も含めイギリスの観光政策については，新井 [2011][2014] をはじめ同氏によるインバウンド研究会の成果および諸論文を参照されたい．

26) そのための具体的な課題・対策として，観光関係省庁の組織改革，国内旅行の増加と活性化を図るための祝日の移動，政府主導ではなくツーリズム業界と消費者主導の格付けシステムの促進，ホスピタリティ・サービスの質的向上，ICT技術の革新に対応した観光情報サービスの提供，規制緩和によるセクト主義的な既存体質の改善，観光ビザ取得手続きの簡略化と迅速化，パスポート照会手続きの電子化などによる空港待ち時間や出国ストレスの緩和，公共交通システムの改善など，いずれも重要な改善点が掲げられている．

27) 山嵜一也「迷走する「東京五輪」とロンドンの決定的な差」（東洋経済オンライン2016年1月13日配信）などを参照．

28) 2014年7月に発表された三菱総研のレガシー案は，「夢のある成熟社会」をモチーフに，①全員が能力と個性を発揮し活躍する社会，②皆が健康でアクティブに暮らせる社会，③世界に開かれジャパン・クオリティを広める社会，④スポーツ・芸術文化が広く浸透した社会，⑤国民も来訪者も安心する世界で最も安全な社会，⑥課題解決に先進的に取組むモデル・技術を世界に示す社会，を目標として掲げている．

29) 宇野常寛『PLANETS』vol.9などを参照のこと．

30) 筆者自身は本論で確認してきたように，現代社会の社会的課題を鋭く見すえながら，資源の有限性など地球環境の制約に触れにくい次元で，なおクリエイティビティやイノベーションを追究してゆく方向性に現時点での豊かな可能性を感じている．もちろんこの点についても，日本での実現可能性をめぐってさらに議論を深める余地はあるだろう．

31) その意味でもう一度，われわれ自身に問い返してみる必要がある．はたして望ましい日本社会のあり方とはどのようなものなのか．そして2020年の先にどのような未来社会を築いていきたいのか．さらに観光・ツーリズムの観点は，どのような形で寄与し得るのか．こうした課題に対する明確なイメージを見定めたとき，2020年東京大会に向けたエネルギーと投資は，祝祭イベントの向こう側に巨大なコストと負債ではなく，活用型イベントとして豊かでポジティブな持続的レガシーをもたらす有意味な原動力となるはずである．

著者紹介（執筆順）

岸　　真清	（きし　ますみ）	中央大学名誉教授
島　　和俊	（しま　かずとし）	東海大学名誉教授
浅野　清彦	（あさの　きよひこ）	東海大学経営学部教授・学部長
立原　　繁	（たちはら　しげる）	東海大学観光学部教授・学科主任
片岡　勲人	（かたおか　いさと）	東海大学観光学部准教授
服部　　泰	（はっとり　とおる）	東海大学観光学部専任講師
小澤　考人	（おざわ　たかと）	東海大学観光学部准教授

き ほん かん こう がく
基本観光学

2017年3月31日　第1版第1刷発行

著　者　岸　真清・島　和俊・浅野清彦・立原　繁・片岡勲人・
　　　　服部　泰・小澤考人

発行者　橋本敏明

発行所　東海大学出版部
　　　　〒259-1292　神奈川県平塚市北金目4-1-1
　　　　TEL 0463-58-7811　FAX 0463-58-7833
　　　　URL http://www.press.tokai.ac.jp
　　　　振替　00100-5-46614

印刷所　港北出版印刷株式会社

製本所　誠製本株式会社

© Masumi KISHI, Kazutoshi SHIMA, Kiyohiko ASANO, Shigeru TACHIHARA, Isato KATAOKA, Toru HATTORI, Takato OZAWA, 2017　　　　ISBN978-4-486-02142-1

R〈日本複製権センター委託出版物〉
本書の全部または一部を無断で複写複製（コピー）することは，著作権法上の例外を除き，禁じられています．本書から複写複製する場合は日本複製権センターへご連絡の上，許諾を得てください．日本複製権センター（電話 03-3401-2382）